IDEIA

IMPRENSA DA UNIVERSIDADE DE COIMBRA
COIMBRA UNIVERSITY PRESS

EDIÇÃO
Imprensa da Universidade de Coimbra
Email: imprensa@uc.pt
URL: http//www.uc.pt/imprensa_uc
Vendas online: http://livrariadaimprensa.uc.pt

DIREÇÃO
Maria Luísa Portocarrero
Diogo Ferrer

CONSELHO CIENTÍFICO
Alexandre Franco de Sá | Universidade de Coimbra
Angelica Nuzzo | City University of New York
Birgit Sandkaulen | Ruhr-Universität Bochum
Christoph Asmuth | Technische Universität Berlin
Giuseppe Duso | Università di Padova
Jean-Christophe Goddard | Université de Toulouse-Le Mirail
Jephrey Barash | Université de Picardie
Jerôme Porée | Université de Rennes
José Manuel Martins | Universidade de Évora
Karin de Boer | Katholieke Universiteit Leuven
Luís Nascimento | Universidade Federal de São Carlos
Luís Umbelino | Universidade de Coimbra
Marcelino Villaverde | Universidade de Santiago de Compostela
Stephen Houlgate | University of Warwick

COORDENAÇÃO EDITORIAL
Imprensa da Universidade de Coimbra

CONCEÇÃO GRÁFICA
António Barros

PRÉ-IMPRESSÃO
Mickael Silva

PRINT BY
CreateSpace

ISBN
978-989-26-1106-8

ISBN DIGITAL
978-989-26-1107-5

DOI
http://dx.doi.org/10.14195/978-989-26-1107-5

DEPÓSITO LEGAL
406931/16

© MARÇO 2016, IMPRENSA DA UNIVERSIDADE DE COIMBRA

COR, NATUREZA E CONHECIMENTO

NO CURSO ARISTOTÉLICO JESUÍTA CONIMBRICENSE
(1592-1606)

MARIA DA CONCEIÇÃO CAMPS
MÁRIO SANTIAGO DE CARVALHO

IMPRENSA DA UNIVERSIDADE DE COIMBRA
COIMBRA UNIVERSITY PRESS

SUMÁRIO

Apresentação 7

I. *A Cor segundo Manuel de Góis: Nos Alvores da Modernidade*........................ 11
   1. Introdução 11
   2. Sobre a natureza da cor. Rápido panorama. 12
   3. A natureza da luz e da cor no Curso Jesuíta Conimbricense. 16
   4. As cores verdadeiras e aparentes no Comentário Jesuíta
      Conimbricense de Manuel de Góis ao *De Anima* e no
      Comentário ao *De Anima* de Francisco Suárez 20
   5. Diferenças doutrinais entre as duas tipologias ibéricas.....................24
   6. Pontes com a modernidade: a teoria das cores de Goethe 26
   7. Conclusão 29

II. *A absolução da Natureza e a Natureza do Humano:
dois motivos nucleares do Curso Jesuíta Conimbricense*..31
   1. Preâmbulo: absolução da natureza e diferença antropológica 31
   2. A preponderância da filosofia natural..32
   3. Naturezas da natureza (N1, N2, e N3). 34
      3.1. "Natureza" em sentido formal (N1)..35
      3.2. Natureza em sentido material (N2)..37
      3.3. "Natureza" em sentido antropológico-teológico (N3)................38
   4. Arte e Natureza (N4). Beleza e Geometria 40
      4.1. Criacionismo e causalidade...44
      4.2. O princípio da unidade e o motivo da hierarquia/harmonia 46

4.3. O princípio da finalidade e
o motivo da "lei eterna" (ou liberdade) 49

4.4. O princípio da plenitude e
o motivo da absolução da Natureza. 53

5. Resumo conclusivo 57

III. Da metafísica do conhecimento à
separação do conhecimento ('secundum separabilitatem') 59

1. Uma questão de método 59
2. 'Psicologia' e Imortalidade: o contexto do *Tractatus* 61
3. O que Aristóteles tem que ver com a separação? 67
4. A separação do conhecimento 70
5. Aristóteles, a certeza e a distinção 76

Bibliografia de Referência 79

Índice de Referências do Curso Jesuíta Conimbricense 91

Índices Onomástico e Analítico 93

APRESENTAÇÃO

Reúnem-se neste volume três estudos inéditos que se debruçam sobre a obra de filosofia mais internacional alguma vez escrita em Portugal, e pela mão de filósofos portugueses, de seu nome: Manuel de Góis (1543-1597), Baltasar Álvares (1560-1630) e Sebastião do Couto (1567-1639). A obra a que nos referimos é universalmente conhecida pelo seu título coletivo geral, *Curso do Colégio Conimbricense da Companhia de Jesus sobre os Livros de Aristóteles, o Estagirita* (1592-1606). A história desta colossal iniciativa filosófica já foi feita, pelo que basta remeter o leitor mais interessado para a Bibliografia no final do presente volume.

Embora sejam três os principais temas abordados pela monografia vertente – cor, natureza e conhecimento –, tal como também três os autores objeto do estudo, no seu todo estamos perante uma indiscutível unidade temática. Os três temas devidamente analisados pertencem ao arco de trabalho e de pensamento que vai da filosofia natural à metafísica. Aliás, escusado seria dizê-lo, mas essa dimensão foi sobremaneira posta em pano de fundo pela obra de M. Heidegger, a física aristotélica é sempre e já uma metafísica. O leitor mais desprevenido ou menos avisado poderia pensar estarmos perante uma obra datada, não obstante a sua invulgar e invejável divulgação europeia (do Atlântico aos Urais) e intercontinental (no Brasil e na China). Os três estudos ora publicados procuram manifestar a produtividade histórico-filosófica de algumas temáticas ou páginas do *Curso Aristotélico Jesuíta Conimbricense*. Na realidade, uma mesma linha de força une de uma maneira absolutamente coerente os três contributos. Referimo-nos ao comum motivo historiográfico da modernidade – independentemente da sua questionação, sempre urgente – identificado, cada um à sua maneira, nos temas centrais: a doutrina da cor, a natureza, e o conhecimento.

No primeiro capítulo, que reelabora uma comunicação ao Colóquio Internacional "Metafísica, Epistemologia e Psicologia no 'De Anima' dos Conimbricenses (1598)", na Faculdade de Letras da Universidade do Porto (outubro de 2011), conclui-se que os comentários a Aristóteles sobre a cor, por parte de Manuel de Góis e de Francisco Suárez, testemunham a produtividade desses trabalhos sobre a matéria. É sublinhada a teoria conimbricense que frutificou na Modernidade, haja em vista sobretudo a ainda hoje conhecida e amplamente divulgada teoria das cores de Goethe, que em muito defende posições doutrinárias semelhantes às de Manuel de Góis. A cor, que até ao século XVI tinha sido apenas estudada como um fenómeno da natureza exterior ao sujeito que vê, qualidade natural dos corpos ou neles manifestada, passa a ser passível de construção individual, fornecendo imagens de um mundo cuja realidade é do foro eminentemente psicológico e subjetivo, oferecendo uma narrativa nova, interior, da realidade observada, da própria natureza.

O segundo capítulo prolonga o temário estético, embora o supere ou o amplie. Ele retoma de modo inédito duas comunicações, numa primeira versão preparada para o Brasil, finalmente apresentada na Universidade de Salamanca, ao "VI° Congreso Internacional Iberoamericano de la Sociedad de Filosofía Medieval: 'De Natura'" (dezembro de 2012), e todo ele gravita em torno do esclarecimento da complexa noção de natureza. Já relevando a sua importância como matriz ou paradigma da ciência natural, já ultrapassando as várias aceções de natureza também aí elencadas. Causalidade, mormente a causalidade formal, e criacionismo aparecem, de facto, como uma fissura no aristotelismo que, além de abrir para o domínio da estética (e da geometria) o faz também no campo da antropologia e da liberdade. Aponta-se para a possibilidade de se vir a escrever uma narrativa alternativa da denominada estrutura das revoluções científicas, fundada na hipótese de a absolução da natureza poder exigir a introdução de um novo paradigma, quer pela subalternização das quantidades contínuas às discretas, quer pelo diálogo com o registo neoplatónico da separação do incorpóreo face ao corpóreo, quer pela exaustão do motivo "estético" da plenitude da natureza

Finalmente, também o terceiro capítulo, previamente concebido para apresentação no Colóquio do Porto acima identificado, é um inédito centrado na questão do conhecimento e da metafísica. Sob o prisma da figura da separação, que não se confunde com a abstração, procura-se estudar como a metafísica poderá ter interferido na aceleração do temário moderno e cartesiano. Para o efeito, o capítulo centra-se quase exclusivamente no apêndice ao volume do Comentário ao 'De Anima' intitulado *Tratado da Alma Separada*.

A fim de facilitar a consulta, mas também por razões de economia, todos os títulos do Curso Jesuíta Conimbricense citados nos capítulos seguintes serão abreviados, podendo consultar-se o respetivo desdobramento na Bibliografia final. Depois de cada título, sempre e só assinalado por duas letras e pela indicação em numeração romana do número do livro, seguem-se abreviaturas fáceis e comuns, tais como: d= disputa; pr = proémio; c = capítulo; q = questão; a = artigo; p = página; qu = questão única; exp = *explanatio*/explicação. Remete-se sempre para a edição *princeps* também referida na Bibliografia final; assim, por exemplo, PhIIc1q1a3p218 deve ler-se: *Comentário Jesuíta Conimbricense à Física de Aristóteles*, livro II, capítulo I, questão 1ª, artigo 3º, página 218.

Uma palavra final de esclarecimento sobre a coautoria. O primeiro capítulo – A COR SEGUNDO MANUEL DE GÓIS: NOS ALVORES DA MODERNIDADE – é de Maria da Conceição Camps, os restantes dois – A ABSOLUÇÃO DA NATUREZA E A NATUREZA DO HUMANO.

DOIS MOTIVOS NUCLEARES DO CURSO JESUÍTA CONIMBRICENSE e "SECUNDUM SEPARABILITATEM". DA METAFÍSICA DO CONHECIMENTO À SEPARAÇÃO DO CONHECIMENTO – são da autoria de Mário Santiago de Carvalho. Além de ter sido tradutora do volume sobre o 'De Anima' do referido *Curso*, Maria da Conceição Camps defendeu o seu doutoramento em Filosofia sobre matéria afim ao tema do Capítulo que subscreve. Mário Santiago de Carvalho tem dedicado os seus últimos trabalhos de investigação ao mesmo Curso, acerca do qual, no quadro da sua Unidade de I&D – LIF (Secção de Filosofia do Departamento de Filosofia, Comunicação e Informação da Faculdade de Letras da Universidade de Coimbra), também orientou um alargado programa de pesquisa. De alguma maneira, as páginas que se seguem resultaram da investigação encetada nesse quadro institucional pelos dois autores.

setembro de 2015

Maria da Conceição Camps
Mário Santiago de Carvalho

I. A COR SEGUNDO MANUEL DE GÓIS: NOS ALVORES DA MODERNIDADE

> Colorum multitudo tanta est, tam multiplex eorum reciproca mistio, ut recte quidam pronuntiarit non alibi naturam copiosius, aut maiori ambitione opes suas comendasse.
> (Manuel de Góis, *Commentarii in tres libros de Anima* II, c. 7, q. 3, a. 1, p.171)

1. Introdução

O presente estudo centra-se na análise da tipologia das cores verdadeiras e falsas veiculada pelo autor do Curso Jesuíta Conimbricense, Manuel de Góis, nos seus Comentários ao *De Anima*[1], *De Coelo*[2], *In Libros Meteororum* de Aristóteles[3], e por Francisco Suárez no seu Comentário ao *De Anima* de Aristóteles[4].

---

[1] *Commentarii Collegii Conimbricensis Societatis Iesu, In tres libros de Anima Aristotelis Stagiritae* (Coimbra 1598). Doravante citado: An. Veja-se também, em paralelo, *Comentários do Colégio Conimbricense da Companhia de Jesus Sobre os Três Livros Da Alma de Aristóteles Estagirita*. Tradução do original latino por Maria da Conceição Camps, Lisboa, 2010.

[2] *Commentarii Collegii Conimbricensis Societatis Iesu, In Quatuor libros de Coelo Aristotelis Stagiritae* (Lisboa, 1593). Doravante citado: Co.

[3] *Commentarii Collegii Conimbricensis Societatis Iesu, In libros Meteororum Aristotelis Stagiritae* (Lisboa, 1593). Doravante citado: Me.

[4] *Commentaria una cum quaestionibus in libros Aristotelis De Anima. Comentários a los libros de Aristóteles 'Sobre el Alma'*. Introducción y edición crítica por Salvador Castellote. Traducción castellana por Carlos Baciero y Luís Baciero, 3 tomos (Madrid, 1978-1991).

Pretende-se comparar as duas posições jesuítas coevas no sentido de investigar até que ponto as obras de Aristóteles sobre a matéria, trabalhadas sobretudo com base nas traduções realizadas a partir do grego, durante o Renascimento, mais concretamente as concernentes ao *De Anima*, ao *De Sensu et Sensibili*, e ao *De Coloribus* de Pseudo--Aristóteles, contribuíram para criar novas doutrinas sobre a natureza das cores oferecendo respostas adequadas às questões colocadas pelo homem do século XVI. Estas teorias, fruto das tradições aristotélica medieval, da Ótica arábica e dos filósofos Perspetivos cristãos encontrarão, sobretudo em Manuel de Góis, uma nova formulação concitada pela relação do homem seiscentista com a experiência do conhecimento sensitivo e respetiva cooptação para o campo explicativo da ciência.

As obras de Aristóteles sobre as cores inspiraram, ao longo dos séculos, os estudiosos desta matéria, de entre eles, designadamente na Península Ibérica, os jesuítas de Coimbra e Francisco Suárez. Efetivamente, a produtividade do texto aristotélico é manifesta quando nos confrontamos com um sistema que, de um modo ou de outro, se estendeu ao longo da modernidade. A prova do que acabamos de afirmar reside na conhecida e amplamente divulgada teoria das cores de Goethe que também bebeu da fonte do Estagirita, conforme adiante se demonstrará.

2. Sobre a natureza da cor. Rápido percurso diacrónico

O tema da natureza e da perceção da cor tem-se manifestado desde sempre envolto em controvérsia. A panóplia de opiniões deve-se, de entre outras causas, à equivocidade do sema *cor*, às dificuldades de compreensão do seu significado independentemente de referentes objetivos, à sua relação com a luz[5].

---

[5] Para maior desenvolvimento desta matéria vd Mª C. Camps, *Do visível ao Invisível – A teoria da visão no Comentário aos três livros 'Da Alma' do Curso Jesuíta Conimbricense*

Sendo que é a sensação da cor que abre as portas ao contacto visual com o mundo, percecionando as formas e seus contornos, discriminando os objetos e permitindo aceder aos visíveis que cada realidade colorida representa, cedo se constatou que esta experiência universal para todos os que possuem visão é tudo menos homogénea, variando com os sujeitos, com a sua particular acutilância visual e com a respetiva cultura.

A consciência desta dificuldade, vivida por quem se debruça sobre os mistérios da cor, não tem evitado divergências quanto ao entendimento da sua natureza, alimentando polémicas mais ou menos perenes, mais ou menos recorrentes. O Comentário Jesuíta Conimbricense ao *De Anima* de Aristóteles é disso testemunho ao dar corpo a uma disputa que, não obstante integrar a tradição dos Antigos, veio a tornar-se numa das mais importantes do seu tempo: partilharão as cores e a luz a mesma natureza? Em que medida a cor e a luz são objeto da vista e se complementam em ordem à produção da visão?

As opiniões sobre esta matéria variaram não só com as escolas, mas também consoante o autor fosse pintor, filósofo, teólogo ou outro, englobando frequentemente no seu objeto realidades tão distintas como: as cores objetivas e as subjetivas e, dentro daquelas, as que pareciam fixas, inerentes às coisas e as que se avistavam no ar, na água ou nas superfícies vidradas e que em qualquer momento se alteravam ou desvaneciam, dando lugar a outras, como o azul dos céus, o arco-íris, a tonalidade das águas dos mares, ou outras deste tipo. Em torno de umas e de outras a noção de cor foi amplamente debatida e observada desde os denominados primeiros filósofos. Os exemplos abaixo indicados pretendem de algum modo oferecer uma panorâmica curta da variedade das opiniões sobre esta questão, independentemente de os seus autores serem, ou não, referidos nos

---

(1598). Tese de doutoramento em Filosofia apresentada à Faculdade de Letras da Universidade do Porto (Porto, 2012). Bibliografia ainda indispensável é a seguinte: David C. Lindberg, *Theories of Vision from Al-Kindi to Kepler*, Chicago London 1976; Luís Miguel Bernardo, *Histórias da Luz e das Cores. Lenda – Superstição – Magia – História – Ciência – Técnica*. Vol 1, Porto, 2009.

Comentários Jesuítas acima mencionados. Pretendemos, a título de exemplo, realçar de forma sucinta algumas das principais posições em matéria de cor, que de forma explícita ou implícita dialogaram entre si e configuraram o ambiente cultural do ocidente desde a Antiguidade[6].

Assim, os atomistas afirmaram que a cor era uma forma de luz, uma espécie de efeito provocado pelo embate dos raios nas superfícies corporais. Demócrito aventuou que as imagens são formadas na vista, por contacto, quando o ar entra nos olhos carregado de eflúvios procedentes de objetos de cores variadas. Para Leucipo, a visão é uma forma de tato[7]. Também Epicuro opina que as partículas ou átomos que se desprendem dos objetos em direção à vista, transportam as cores.[8]

Platão, no *Timeu*, defendeu que a sensação de cor produzida na vista do observador teria origem no fogo que os corpos emanavam, e que provocava a cor, uma vez operado o contacto com o fogo próprio da vista do observador. A sensação de cor seria um fenómeno individual que variaria com o diferente tipo de perceção do sujeito. Partes de tamanhos diversos produziriam movimentos diferentes e, por sua vez, movimentos diferentes provocariam sensações visuais diversas, responsáveis pela diferenciação das cores. As partes de tamanho igual às da vista não seriam visíveis por serem transparentes, as maiores e as menores combinariam ou dissociariam.[9]

Ptolomeu considerou a cor uma propriedade inerente aos corpos, uma qualidade produtora de modificações no cone visual. Ela seria o objeto próprio da visão e seria através dela que os sensíveis (tamanho, forma, de entre outros) seriam percebidos com o auxílio da luz.[10]

---

[6] Para maior desenvolvimento do que se segue, e bibliografia primária respetiva, vd. Mª C. Camps, «As teorias da visão no ocidente medieval até ao século XII» *Philosophia* 34 (2009), pp. 231-243, e Id., *Do visível ao Invisível...*, pp. 83-87.

[7] *Vide* G.S. Kirk & J.E. Raven, *Os filósofos pré-socráticos*, trad. Lisboa, 1979, pp. 436-437.

[8] Jean Brun, *Epicure et les épicuriens*, Paris, 1978, p.42.

[9] Platão, *Timeu*, 67 c-e; 68 a-d.

[10] David Lindberg, *Theories of Vision...*, p.16.

Já Hunain Ibn Ishaq, partilhando do parecer dos estóicos e de Galeno, dirá que o ar adjacente é um instrumento da visão quando transformado pelo espírito visual, uma vez presentes as cores e a luz. Tal como o ar se altera gradualmente à medida que a luz do Sol vai progredindo até ser dia, também as cores produziriam uma transformação no ar que medeia entre o olho do observador e o objeto observado. Por seu turno, o encontro dos espíritos visuais saídos dos olhos do observador com este meio efetuaria uma alteração do ar adjacente, que por sua vez provocaria a sensação da cor. O próprio ar assume aqui o estatuto de órgão da visão.[11]

Para Alfarabi as cores seriam visíveis apenas pela ação da luz que atuava sobre os olhos do observador.[12] Alhazen, por seu turno, afirmará que a luz transporta os «croma», informação luminosa que inclui a cor e a estrutura espacial do objeto até aos olhos, sugerindo as espécies.[13] Na esteira de Aristóteles, dá relevância ao transparente, desta feita, o residente no organismo, o próprio diáfano existente na vista, o humor glacial, que assumirá as características próprias do visível graças à sua transparência e capacidade de receção da cor.

Para Avicena a cor e a luz têm a mesma natureza. A cor dependerá da iluminação do corpo. Estando esta ausente, aquela não subsistirá. Quem afirmar que as cores permanecem uma vez afastada a iluminação, não terá razão.[14]

Roberto Grosseteste considerará que a cor resulta da forma como a luz se junta ao transparente, variando segundo o tipo de transparente e o tipo de luz.[15]

---

[11] Sobre esta material *vide* Maria da Conceição Camps, «Presenças do Estoicismo no Curso Aristotélico Jesuíta Conimbricense (1592-1606)», *Revista Filosófica de Coimbra* 23 (2014), pp.349-373. Também David Lindberg, *Theories of Vision...*, pp. 38-40.

[12] Luís Miguel Bernardo, *História da Luz e das Cores*, Porto, 2009, Vol. I, p. 117.

[13] Luís Miguel Bernardo, *História da Luz e das Cores*, Vol. I, p.120.

[14] Avicena, *Avicenna Latinus, Liber de Anima seu Sextus de Naturalibus*. Edition critique de la traduction latine médiévale par S. Van Riet, Introduction sur la doctrine psychologique d' Avicenne par G. Verbeke, Louvain-Leiden, 2 vols., 1968-1972, l. 6, c. 1, p. 173.

[15] Roberto Grosseteste, *De Colore*, Ed. L. Baur, *Die philosophischen Werke des Robert Grosseteste, Bischofs von Lincoln* (Beiträge zur Geschichte der Philosophie des Mittelaters IX), München i. W., 1912, pp. 78-79. Vide também a tradução portuguesa: Roberto

Alberto Magno opina que a cor e a luz partilham a mesma natureza, já que a cor é algo transparente determinado pela opacidade.[16]

João Buridano, por sua vez, conclui que é requerida a luz *(lumen)* para que as cores sejam avistadas, já que, desacompanhadas da luz *(lumen)*, seriam demasiado fracas para poderem ser vistas pelos olhos do observador. Pertencerá à natureza da cor ser visível.[17]

Não nos alongaremos mais sobre as diferentes opiniões doutrinais sobre as cores e respetiva relação com a luz, reservando-nos a análise da posição de Aristóteles concomitantemente com a do Comentário Jesuíta Conimbricense ao *De Anima*.

Posições de autores posteriores ao Curso Jesuíta Conimbricense, como Descartes, Newton e Goethe são, sem dúvida, obrigatórias quando se faz um historial da cor mas, salvo o caso de Goethe, aqui tratado, não nos debruçaremos sobre elas.

3. A natureza da luz e da cor no Curso Jesuíta Conimbricense.

A Questão II do Capítulo VII do Comentário de Manuel de Góis ao *De Anima* de Aristóteles, indaga sobre a natureza da luz, questionando se será a mesma da cor. O Artigo I da respetiva Questão debruça-se sobre os argumentos dos autores que consideraram que a cor e a luz partilham a mesma natureza, como Platão, Virgílio, Avicena, Alberto

---

Grosseteste. *Tratado da luz e outros opúsculos sobre a cor e a luz. Tratado da luz, A cor, O movimento dos corpos e a luz – Tractatus de luce, De colore, De motu corporale et luce*. Edição bilingue latim-português. Introdução e notas de Mário Santiago de Carvalho, sobre a edição latina de *De luce* e *De colore* por Cecilia Panti. Traduções de Mário Santiago de Carvalho e Maria da Conceição Camps, Porto, 2012.

[16] Alberto Magno, *Liber de Natura et Origine Animae*. Ed. Bernhardus Geyer, in *Sancti Doctoris Ecclesiae Alberti Magni Ordinis Fratrum Praedicatorum Episcopi, Opera Omnia* ad Fidem Codicum Manuscriptorum edenda Apparatu critico notis Prolegomenis Indicibus Instruende curavit Institutum Alberti Magni Coloniense. Tomus XII, Aschendorf, 1955.

[17] João Buridano, in Benoît Patar. *Le Traité de l'âme de Jean Buridan* [De Prima Lectura], Louvain-laNeuve – Longueuil, 1991, p.602.

Magno, de entre outros que não especifica. De realçar o conhecimento que Manuel de Góis demonstra possuir da doutrina das cores de Platão, via *Timeu*. Platão era ao tempo um autor «novo», recém-traduzido, e alvo de toda a atenção por parte da comunidade filosófica.[18]

Antes de impugnar a opinião daqueles autores, Manuel de Góis analisa os vários tipos de cores, ou seja, o que ele denomina de cores aparentes e de cores verdadeiras. As cores aparentes são, de acordo com este autor, aquelas que de algum modo não são fixas, que iludem a vista, já que são mutáveis, propiciando uma visão diferenciada. Tal acontece com as cores do arco-íris, com as existentes na cabeça das pombas e na cauda dos pavões, ou mesmo com as cores do céu e as do mar. A este propósito vejamos o que o Comentário *In Libros Meteororum*, também escrito pela pena de Manuel de Góis, refere sobre este assunto:

> «Há dois géneros de cores. Umas provêm da mistura e da combinação das quatro qualidades primeiras e são vistas num único corpo misto e delimitado, como Aristóteles ensina no livro *O Sentido e o Sensível*. Estas são consideradas cores expressas e verdadeiras. Outras, são as que têm origem na reflexão da luz (*lumen*), que, porque são fictícias e aparentes, se extinguem rapidamente. (…)»[19]

---

[18] Deve registar-se o facto de Platão ter sido conhecido durante a Idade Média através do comentário de Calcídio e respetiva tradução, concernente apenas a uma parte do *Timeu*, incluindo a rubrica referente à vista, mas excluindo a das cores, ainda que fossem feitas referências às cores no próprio Comentário de Calcídio. O curso conimbricense neste e noutros pontos invoca o conhecimento da tradução de Marsílio Ficino, no que mostra a sua novidade.

[19] Met4c3p38-39: "…colorum duo sunt genera, alii ex quatuor primarum qualitatum ad mixtione et temperie obveniunt et in solo corpore mixto ac terminato cernuntur ut docet Aristoteles lib. De sensu et sensibilii; et hi expressi ac vere colores iudicantur: alii oriuntur ex reflexioten luminis qui adumbrati duntaxat et apparentes sunt, proindeque celeriter intercidunt (...). Eorum materia qui videlicet inexistunt est vapor vel exhalatio vel aere addensatus, vel etiam aqua: praesertim quae in maiorem raritatem attenuata fit locus, ubi se sepectandos exhibent, est potissimum aereae regionis interstitium.

Acrescentando acerca da variedade das cores aparentes:

> «A variedade das cores (aparentes) nasce, portanto (para não falarmos das afeções dos órgãos da vista[20]), em parte das afeções da matéria em que a luz incide, em parte do aspeto diferente do corpo luminoso, em parte da qualidade do meio através do qual a luz é transmitida ou as espécies visíveis são transportadas até aos olhos e, finalmente, do aumento ou da remissão da luz».

As causas das cores aparentes são elencadas consoante provenham:

- Das afeções da matéria em que a luz incide;
- Do diferente aspeto do corpo luminoso;
- Da qualidade do meio transmissor das espécies;
- Do aumento ou remissão da luz;
- Das afeções dos órgãos da vista.

> «A sua matéria, ou seja, daquelas cores que não existem, é o vapor, a exalação, o ar denso, ou ainda, a água: principalmente aquela matéria desprovida de maior densidade. O lugar onde se mostram de forma mais visível é, sobretudo, o da região dos interstícios. A sua forma é a luz mitigada de

---

Eorum forma est lux varie modificata: nec enim diversam ab ea naturam fortiuntur, ut in libris De Anima ostendemus. (...) Communis finis est puchritudo universi. Oritur istius modi colorum varietas (ut de affectionibus organi visorii nichil dicamus) partim ex diversitate affectionum materiae in quam lux incidit: partim ex diverso aspectu luminosi: partim exc qualitate medii, per quod lux trasmittitur aut species visiles ad oculos feruntur: partim denique ex alia et alia intensione vel remissione luminis ". E. Gilson (*Index Scholastico-carthésien*, Paris 1913, p. 59) estabelece um paralelo entre este passo do curso de Coimbra e o texto de Descartes sobre a cor (AT VI, 335, 8-11), no que toca à distinção entre cores verdadeiras e aparentes.

[20] É de tomar em atenção a causa aqui indicada do surgimento da cor, as afeções dos órgãos da vista, que em tudo aponta para aquele tipo de situações que Goethe virá a incluir na génese das denominadas cores patológicas.

várias cores. Efetivamente, não diferem desta pela sua natureza como mostrámos nos livros *Da alma*.»[21]

As cores verdadeiras, distintas da luz, são as que sobrevêm da mistura das qualidades primeiras[22] e da variedade dos elementos, como o branco do cisne ou o preto do corvo. As cores aparentes são luz, já que variam com a distância, o lugar, o ponto de vista do observador e a luz recebida no corpo. As cores verdadeiras têm uma natureza diferente da luz, dado serem fixas e permanentes. As cores falsas são luz.[23]

---

[21] Met4c3p38-39, já citado acima.

[22] Sobre o que são qualidades primeiras, *vide* GcIIc3q3a1-4, pp.380-384.

[23] Os argumentos aduzidos a favor da distinção da natureza da cor e da luz, fundam-se em Aristóteles: porque se não se distinguissem da luz (as cores verdadeiras) não permaneceriam fixas mas variariam com ela (AnIIc7q2a2p169); porque a luz é uma qualidade celeste que não tem contrário já que a natureza subtraiu as qualidades contrárias aos corpos celestes. Se a cor fosse luz, então o negro, dado ser privado dela, não seria senão privação de luz; porque se seguiria que as cores branca, verde, purpúrea, amarela, bem como todas as cambiantes das cores, se conteriam numa única ínfima espécie, o que está longe de ser verdade (AnIIc7q2a2p170); porque a luz não tem a alteração que têm as cores (AnIIc7q2a2p170); porque a cor move o diáfano quando o diáfano está em ato, mas o ato do diáfano é a luz.

Manuel de Góis conclui a favor da opinião de que a cor não é luz, da seguinte forma:

Ao argumento que diz que as cores, como as do mar, as das nuvens, as das cabeças das pombas e as das caudas dos pavões mudam de cor consoante a luz logo a natureza será idêntica à da luz, respondendo que apenas as cores aparentes são luz (AnIIc7q2a2p170).

Ao argumento que diz que a razão dos olhos se fatigarem quando veem a cor branca e de se revigorarem quando veem a verde, residir no facto de a brancura ter muita luz e de a cor verde possuir a medida harmoniosa da luz, respondendo que a razão pela qual umas cores obstruem a vista mais do que outras deve ser encontrada em Aristóteles (*Problemata*, sect 31, q.20), e que embora nas cores verdadeiras, umas tendam mais para o branco, outras mais para o negro, que não é por isso que têm a mesma natureza da luz, porque não há uma conveniência na espécie (AnIIc7q2a2p170). Ao argumento fundado nas afirmações de Aristóteles de que todos os corpos têm cor e que a cor move o transparente em ato e que esta última definição respeita tanto à luz como à cor, que são os objetos da visão, e que há um objeto adequado à vista que é a cor e a luz, opondo que é próprio da cor mover o transparente em ato, mas não torná-lo em ato. Isso é apenas próprio da luz. (AnIIc7q2a2p170). Finalmente, ao argumento que afirma que sem luz não há cor e que a luz é a forma e o ato da cor, Manuel de Góis responde que, embora as cores só sejam visíveis sob a luz, elas estão presentes, mesmo na escuridão. A luz e a cor têm cada uma a sua espécie. A luz é a forma externa das cores mas não a sua forma interna.

4. As cores verdadeiras e aparentes no Comentário Jesuíta Conimbricense de Manuel de Góis ao *De Anima* e no Comentário ao *De Anima* de Francisco Suárez

A primeira conclusão que podemos retirar do debate anterior é que, para Manuel de Góis, há apenas um tipo de cor, a saber, as cores verdadeiras.

As cores fixas, que não variam nas primeiras qualidades, constituirão para o Comentário Jesuíta Conimbricense, a cor propriamente dita distinguindo-se da luz pela sua natureza, e é destas que se poderá dizer que não atualizam o diáfano ainda que o movam.

Estas conclusões levantam alguns tipos de problemas face ao próprio texto aristotélico, já que não encontramos esta dicotomia assim definida, nem no *De Anima* nem no *De Sensu et Sensibili*. Aristóteles chama a atenção para o facto de as cores que aparecem no ar ou na água se manifestarem aos olhos do observador como diferentes, consoante o grau de aproximação do mesmo em relação ao ar ou à água observados.

Pelo contrário, aquelas cores que se acham em corpos determinados permanecem fixas desde que não haja variação da luz exterior.[24] Mas conclui que aquilo que recebe a cor num e noutro caso, é o transparente que está presente em todos os corpos em maior ou menor medida[25], até naqueles em que subsiste uma privação quase total, conducente à opacidade. Em última análise, levando esta posição às suas últimas consequências, o negro, cor mais provida de opacidade, se o fosse totalmente, seria invisível por falta da presença do diáfano. Ou seja, Aristóteles não põe em causa a existência da cor em ambos os casos, ainda que reconheça que as cores variam consoante se encontrem em corpos determinados ou não, sendo que nos corpos determinados a

---

[24] Aristóteles, *De Sensu et Sensibili*, 439 a 5.
[25] Id. *ibidem*.

aparência da cor é normalmente definida e nos indeterminados poderá sê-lo ou não, sendo que não o é por muito tempo.[26]

Também a este propósito, Francisco Suárez, no seu *Comentário ao De Anima*,[27] interroga a essência da cor, afirmando que é uma qualidade, mas que têm subsistido dúvidas nalguns autores sobre se será uma qualidade radicada no substrato ou apenas a luz recebida num corpo sólido e denso. Efetivamente, tal como um corpo transparente é suscetível de ser iluminado pela luz, um corpo opaco encontra-se apto a ser colorido por ela, variando a cor com o próprio objeto colorido e as suas disposições.

Depois de explicar a posição de São Tomás, Francisco Suárez acaba por concordar com o Doutor Angélico ao afirmar que nos corpos misturados a cor existe independentemente da iluminação e depende da própria mistura que os compõe.[28]

Começa por explicar a formação das cores nos corpos determinados e nos indeterminados, realçando que nos corpos indeterminados como o ar, a cor é de duração mais fugaz já que a luz do sol é de duração mais rápida, a mistura imperfeita, contrariamente ao que sucede com os corpos determinados. [29]

---

[26] Neste sentido *vide* Ronald Polansky, *Aristotle's De Anima*, Cambridge, 2007, p. 268.
[27] F. Suárez, *De Anima, Disputatio Septima* , q. 2, p. 570.
[28] Id., *ibidem, Disputatio Septima* , q. 2, p. 574.
[29] Id., *ibidem*, p. 576: «… Mixta ergo, quae ex elementis quodammodo componuntur, et inter ea media sunt, quo magis participant de natura aquae vel aeris., eo sunt magis diaphana, ut est crystalium; in quibus autem praedominatur terra sunt magis opaca, non tamen adeo sicut terra, quia propter mixtionem aliorum elementorum aliquod retinent vestigium diaphaneitatis: unde dici solent perspícua terminata, id est, in quibus perpicuitas est terminata et quasi suffocata ab opacitate. Et hinc est quod lux alterius elementi, scilicet ignis, non potest in istis mixtis manere, propter opacitatem eorum, et quia ibi non manet formaliter ignis: tamen quia in mixtione non totaliter corrumpuntur elementa, sed etiam in mixto quodammodo manent, ideo lux ignis, licet formaliter non maneat , non tamen omnino corrumpitur, sed inaliam qualitatem degenerat, quae est color, quia cum mixtum habeat diaphaneitatem cum opacitate, fit incapax lucis secundum se totum, tamen fit capax cuiusdam qualitatis quodammodo concernentis lucem; et illa est color. Et hoc modo dimanat ex mixtione elementorum ratione lucis et diaphaneitatis ad opacitatem terminatae. Quod etiam potest explicari ex modo quo generantur colores in aere. Ibi enim tria concurrunt, scilicet lumen participatum a sole,

Conclui afirmando: "a cor é a qualidade que atualiza o corpo composto enquanto possuidor de uma certa transparência limitada pela opacidade".[30]

Quanto ao tipo de cores, Francisco Suárez afirma a propósito das cores verdadeiras e das aparentes que as primeiras são as que estão efetivamente radicadas nos corpos enquanto as aparentes são aquelas que se veem sem que existam, já que variam com o ângulo de observação, de entre outros fatores.

O problema consistirá em saber distinguir as cores verdadeiras das aparentes e qual o critério a utilizar aquando dessa distinção.

Quem poderá estar certo sobre se a cor da nuvem é verdadeira ou não? Por um lado, F. Suárez considera que estas cores, que aparecem no céu, são tão verdadeiras como as outras em nosso redor, mas, por outro, afirma que elas dão a impressão de aparência porque rapidamente se alteram, se desfazem, dando lugar a outras. Ressalta, contudo, que sob um certo ponto de vista são verdadeiras porque há uma causa eficiente que as produz. A cor formada pela reflexão dos raios solares num vidro vermelho, surge como vermelha porque se vê vermelha, mas, numa outra perspetiva, podemos pôr em causa a sua autenticidade dado que o vermelho que é avistado não tem uma causa própria e autónoma que o sustente. Daí a dificuldade da distinção.

De acordo com o critério apontado, F. Suárez considera que a cor será sempre verdadeira enquanto permanecer inalterada. Quando se altera rapidamente, então deverá fazer-se uma avaliação subsequente relativamente à sua causa. Se há uma causa adequada à produção da cor, então estaremos perante uma cor verdadeira ainda que tenha sofrido uma variação súbita. É o caso das cores do arco-íris e das nuvens.

---

diaphaneitas aeris, opacitas nubis: et inde resultat color. Et tamen est differentia, quod ille color cito transit, quia illuminatio solis parum durat, et mixtio est imperfecta. Alii vero colores Durant propter perfectam mixtionem in qua fundantur.»

[30] Id., *ibidem*, pp. 578-80.

Pelo contrário, se a causa não se mostrar capaz para a produção da cor, e sobretudo, se uma variação da faculdade visiva conduzir a uma alteração da cor que recai sob a vista, permanecendo esta inalterada quanto às suas condicionantes, então assistimos a um engano por parte da faculdade. É o caso das cores existentes no pescoço das pombas e daquela que foi provocada pelo vidro vermelho refletor dos raios solares, já que a vista recebe as espécies visivas misturadas e perceciona de maneira diferente. Ou seja, estas cores são de algum modo produzidas pelo olhar do observador.[31]

Não deixa de ser significativa a variação doutrinal existente entre Manuel de Góis e Francisco Suárez no que ao presente assunto concerne. Designadamente, no que toca à distinção entre cores verdadeiras e fictícias. Recordemos o que afirmámos, supra, quanto à frugalidade conceptual de Aristóteles nesta matéria e as consequentes dificuldades deixadas aos intérpretes na determinação do critério distintivo dos dois tipos de cores, que a tradição aristotélica subsequente fez questão de acentuar.

Enquanto Francisco Suárez acentua a causa para decidir se uma cor é verdadeira ou falsa, Manuel de Góis adota o critério da persistência da cor no corpo em que essa mesma cor é avistada, integrando as primeiras qualidades do substrato, para a qualificar como verdadeira:

> «São aparentes as que são espalhadas pelos corpos apenas pela luz, de acordo com a sua visão diferenciada, como acontece no arco-íris...»[32]

Resultam diferenças fundamentais nomeadamente quanto às cores do arco-íris, das nuvens, de entre outras, que Manuel de Góis considera fictícias e que Francisco Suárez considera como verdadeiras cores. Isto, não obstante o que diremos de seguida.

---

[31] Id. *ibidem*, pp.582-84.
[32] AnIIc7q2a2p169.

5. Diferenças doutrinais entre as duas tipologias ibéricas

Na Questão III do Capítulo VII do Comentário ao *De Anima* do Curso Jesuíta Conimbricense é discutida e analisada a origem e a proveniência das cores. Começando no Artigo I por analisar as cores aparentes e as fictícias, Manuel de Góis conclui:

> «As cores verdadeiras são fixas desde que se não alterem as qualidades primeiras que as constituem. São fruto de uma mistura determinada; as cores verdadeiras podem ser extremas (o branco e o negro) ou intermédias, consoante os elementos que as compõem».[33]

As cores aparentes são formalmente luz, não se fixam durante muito tempo mudando com as variantes da luz, do lugar, do ângulo de observação, etc. Também elas se distinguem entre si quanto aos substratos determinados ou indeterminados.[34] As cores aparentes num corpo determinado nascem da oposição à luz das cores verdadeiras que, sofrendo a incidência dos raios de luz, emitem reflexos que não passam de cores fictícias. Ou seja, num mesmo corpo podem coexistir cores verdadeiras, fixas, e cores aparentes, de duração variável e suscetíveis de assumir vários matizes consoante as alterações luminosas a que estiverem sujeitos esses mesmos corpos.

E no que se refere às cores fictícias acrescenta:

> «Do mesmo modo, num corpo indeterminado as mesmas cores provêm da irradiação da luz e são alteradas pela diferente compleição do luminoso, como se vê quando os raios da Lua ou do Sol cortam o vapor e quando entram através de

---

[33] AnIIc7q3a1p171.
[34] AnIIc7q3a1pp171-2.

certos corpos de vidro, divididos em muitos ângulos. Então, quando olhamos para o alto vemos uma incrível variedade e distinção desse tipo de cores, não sem grande sedução do olhar e deleite da alma. Mas, ao mesmo tempo, um corpo indeterminado, transparente, junta-se com um outro opaco, de tal modo que, quando os raios atravessam um vidro verde, incidindo lateralmente como que derramam uma verdura herbescente».[35]

No entanto, quer as cores verdadeiras, quer as fictícias são "coisas verdadeiras" (*verae res*)[36]. As aparentes apenas se chamam cor por analogia com as verdadeiras cores. Não têm a natureza da cor, ainda que possuam uma entidade expressa e verdadeira.[37]

É de atentar o que dissemos supra sobre as diferenças entre F. Suárez e M. de Góis no que respeita às cores e seus tipos. Em comum têm o facto de considerarem cores verdadeiras as que permanecem fixas, e que são fruto das primeiras qualidades. Francisco Suárez acrescenta a este elenco todas as restantes para as quais também existe uma causa adequada à sua formação independentemente de permanecerem ou de serem fugazes. Nisto se distanciam, já que Manuel de Góis considera estas últimas, que são fugazes e que podem ser alteradas nos termos apontados (independentemente das primeiras qualidades) como fictícias. F. Suárez reserva a terminologia de aparentes para as cores que são

---

[35] AnIIc7q3a1p172: "Similiter in corpore interminato proueniunt iidem colores ex irradiatione luminis, uarianturque ob diuersam; habitudinem ad luminosum, ut uidere est cum lunae, aut solis radi interiectum uaporem secant: et cum per quaedam corpora uitrea multis distincta angulis ingrediuntur: tunc enim dum in altum aspicimus incredibilem uarietatem, et distinctionem istiusmodi colorum non sine magna aspectus illecebra, et animi oblectatione intuemur. Concurrunt autem nonnunquam simul corpus unum diaphanum interminatum, et aliud opacum: ut cum radii uitrum uiride permeant, et in parietem incidentes, ad ipsum quasi herbescentem uiriditatem refundunt". Estamos aqui perante o caso narrado *supra* também por Suárez, do vidro vermelho sujeito a exposição luminosa, para exemplificar as cores aparentes.

[36] AnIIc7q3a1p171.

[37] *Ibidem*.

avistadas sem que haja uma causa para que tal aconteça, como acontece naquelas que dependem das circunstâncias do olhar do observador.

6. Pontes com a modernidade: a teoria das cores de Goethe.

Confrontadas as duas posições em análise, não podemos deixar de considerar que ambas gozam de produtividade, não obstante as diferenças. É apreciável o grau de liberdade com que os autores trabalharam, ao tempo, tendo divergido doutrinalmente, embora partindo dos mesmos textos de Aristóteles e de Pseudo-Aristóteles, textos estes que não acolheram nem uma nem outra tipologia, não obstante terem descrito as situações inerentes à possibilidade da sua formulação e respetivas conclusões essenciais, designadamente as concernentes à discussão sobre qual o objeto da visão e as noções de cores aparentes e de cores verdadeiras.

Suaréz deixa-nos uma explicação coerente e legível do seu sistema, assente sobretudo na valorização da experiência sensível a que alia uma fundamentação lógica, a necessidade de existência de uma causa adequada à produção da cor.

Efetivamente, avistamos as cores e temos empiricamente a noção de que há corpos coloridos de formas variadas, de que a cor varia consoante a luz, de que certas cores parecem não ter um substrato fixo, oscilando de acordo com as alterações, a quantidade de luz, a posição e os olhos do observador, como acontece em fenómenos mais ou menos atípicos, como o objeto branco visto como vermelho através de um vidro colorido, ou as cores avistadas nos pescoços das pombas.

O critério distintivo proposto por F. Suárez, fundado na causa, na relação de adequação existente, ou não, entre a fonte produtora da cor e a cor observada, diz-nos, como vimos, que quando esta permanece invariável, não há dúvida de que estamos perante uma cor verdadeira, mas que, quando se altera rapidamente então haverá necessidade de indagar a sua origem, a sua causa. Se esta é adequada à geração da cor, não obstante a sua fugacidade, a cor será verdadeira, como é o caso da cor da nuvem. Caso seja contrário, isto é, se não subsistir a relação de adequação, estaremos perante uma cor fictícia, fundada na alteração da faculdade visiva, como é o caso do objeto branco visto como vermelho através do vidro colorido. Estas últimas serão, pois, cores subjetivas já que apenas existem na visão do sujeito observador, enquanto as outras terão uma existência objetiva, independente da construção feita pela potência visual do sujeito.

Para Manuel de Góis o critério da distinção radica sobretudo na diferenciação dos substratos, sua mistura e composição, independentemente da existência ou não, de uma causa adequada à sua produção. A variação da luz, a qualidade dos corpos onde se encontra, a sua maior ou menor opacidade, as afeções dos olhos do observador e a forma como refletem a luz, estarão na origem da sua classificação como verdadeiras ou falsas. De realçar, que para Manuel de Góis a noção de verdadeira é sinónimo de fixa, inalterável, assente em corpos determinados. As cores verdadeiras existem no escuro, na superfície dos corpos. As cores falsas só existem na luz.

As cores fictícias só colhem o nome de cor porque provocam essa sensação visual nos olhos do observador, mas não têm existência real enquanto cores, mas enquanto luz e podem partir de corpos determinados em que incide a luz, ou indeterminados, resultando da mistura da própria luz, como as cores que se avistam no céu ou nas águas do mar. Provêm sobretudo da sobreposição de transparências, dos jogos de luz. Daí, não fazer sentido para este autor a distinção entre as cores avistadas no pescoço das pombas e o arco-íris ou as cores das ondas do mar ou das nuvens. Todas são falsas. Há que louvar a eficácia da minúcia distintiva da descrição da origem dos tipos das cores, a saber: as que estão assentes em substratos fixos e determinados, fruto da mistura das primeiras qualidades; as que resultam da sobreposição de superfícies transparentes e de fenómenos de refração, mais ou menos duradouras; as que têm origem na afeção dos olhos do observador; as que resultam da forma como a luz incide nos corpos determinados e se reflete criando nos olhos do observador a aparência de que os corpos têm outra cor. Finalmente, não podemos deixar de constatar uma coincidência entre esta descrição e a classificação proposta alguns séculos mais tarde por Goethe quando aponta para a existência de cores químicas, físicas, patológicas e fisiológicas (sendo que as patológicas são uma variante das fisiológicas), classificação esta que continua a ser não só sobejamente conhecida como vulgarizada.[38]

Locke Eastlake afirma que Goethe tinha intenção de parafrasear o *Tratado das Cores* de Pseudo-Aristóteles[39], fundado na obra póstuma *História da Teoria das Cores*.[40] Também refere a tradução de Simão Pórcio de 1537 (Nápoles), com nova edição em 1548 (Florença), indicando que Goethe poderá ter conhecido Pseudo-Aristóteles a partir da obra de Pórcio. Adianta ainda, que há mais edições do século dezasseis como a de Emanuele Marguino de Pádua e de António Vidi Scarmiglione de Fuligno, de 1591 (Marburgo). Anota paralelos entre a obra de Leonardo da Vinci e Aristóteles que poderão também ter sido importantes para Goethe, mas ignora e omite a teoria de Manuel de Góis[41].

Sendo certo que Goethe parte daquelas fontes, muito particularmente de Pseudo-Aristóteles[42], não deixa de ser curioso o facto de ter partilhado posições tão semelhantes na sua análise e formulado uma tipologia que nos aparece muito afim à proposta por Manuel de Góis. Com provas dadas de grande vigor teórico, esta reforça de algum modo

---

[38] J.W. Goethe, *Teoria de los Colores*. Trad., Buenos Aires, 1945, pp 11-246.

[39] J.W. Goethe, *Goethe's Theory of Colors*. Tranl. wth Notes by Ch. Lock Eastlake, London, 1840, p. 379.

[40] *Ibidem*, p. 380.

[41] *Ibidem*, pp. 381, 389

[42] Goethe refere (*Teoria de los Colores*, trad. espanhola p. 21) que até à data que só tinha havido duas tentativas de enumerar e classificar os fenómenos cromáticos, a de Teofrasto e a de Boyle, e adiante mostra conhecer a tradição da designação das cores aparentes e das verdadeiras.

a fecundidade da tradição neo-escolástica aristotélica da classificação das cores. Muito particularmente, quando Goethe afirma que as cores podem fazer parte da vista e ser um seu resultado, como é o caso das cores fisiológicas. Também, quando refere que as cores podem ser um fenómeno derivado dos meios incolores, como as cores físicas, ou que podem ser algo que faz parte dos objetos, referindo-se às cores químicas.[43]

As cores fisiológicas são produzidas pelo órgão visual do sujeito portador de uma visão saudável. Caso o observador tenha a vista afetada por doença que altere a visão da cor, esta cor avistada será denominada de patológica.

As cores físicas, são produzidas na retina por meios incolores, transparentes, translúcidos ou opacos, gozando de uma certa objetividade, já que existem fora dos olhos, são passageiras e não podem ser fixadas. Por isso, foram, no dizer de Goethe, chamadas de aparentes, fictícias, falsas, de entre outros nomes pelos antigos naturalistas.[44]

As cores químicas são aquelas que podemos fixar em corpos determinados e compor em maior ou menor grau, e que permanecem fixas.

7. Conclusão

Não podemos deixar de constatar como o texto aristotélico foi o fundamento que permitiu a construção das teorias jesuítas das cores, designadamente em Francisco Suárez e em Manuel de Góis, doutrinas estas que revestem, designadamente a do jesuíta conimbricense, uma evidente modernidade. Isso é claro quando a comparamos com a posição adotada por Goethe sobre esta matéria, inspirada no mesmo texto.

O papel assumido pelo sujeito observador na «construção» da cor, como acontece nas cores fisiológicas, de cariz eminentemente

---

[43] Goethe, *Teoria de los Colores*, p.21.
[44] Id., *ibidem*, p.61.

subjetivo, na esteira da centralidade que o indivíduo assume em pleno romantismo e na modernidade, já é adivinhada na classificação conimbricense quando esta aponta, por exemplo, para a existência de cores fictícias mais fugazes, que resultam daquilo a que, posteriormente, alguns chamarão de ilusão ótica, ou quando admitem que as afeções dos órgãos da vista do observador alteram a visão das cores.

Também F. Suárez, como vimos, distingue particularmente este tipo de cores, as únicas a que apelida de fictícias, por carecerem de objetividade, por não subsistir uma relação de adequação entre o efeito produtor e a cor avistada e existirem apenas na vista do observador, abrindo a possibilidade de criação de um outro género de cores, as subjetivas.

A cor, que até ao século XVI tinha sido apenas estudada como um fenómeno da natureza exterior ao sujeito que vê, qualidade natural dos corpos ou neles manifestada, passa a ser passível de construção individual, fornecendo imagens de um mundo cuja realidade é do foro eminentemente psicológico e subjetivo, oferecendo uma narrativa nova, interior, da realidade observada, da própria natureza.

Esta leitura está patente, ainda que de modo embrionário, como vimos, em ambas as tipologias jesuítas ibéricas, sobretudo na de Manuel de Góis. Neste último encontramos a descrição daquilo a que Goethe alguns séculos mais tarde apelidará de cores fisiológicas (e patológicas) que, de algum modo, tem ocupado lugar privilegiado nos estudos sobre a cor durante a modernidade, sobretudo nos domínios da psicologia, da arte e das ciências humanas em geral. A recolha, através da experiência, das situações de facto emergentes da variação das cores e a sua incorporação na doutrina da visão é manifesta em Manuel de Góis. Para este autor não basta uma solução meramente formal para uma formulação doutrinal, para uma explicação válida sobre o assunto, mas esta deve ser compatibilizada com a observação, com a experiência e conhecimento proveniente dos sentidos. É indubitavelmente signo de uma precoce modernidade.

II. A ABSOLUÇÃO DA NATUREZA E A NATUREZA DO HUMANO. DOIS MOTIVOS NUCLEARES DO CURSO JESUÍTA CONIMBRICENSE

«O belo é o excesso do ser e da verdade (...) e este excesso exibe o ser na sua plenitude (...); o artista, o filósofo, o homem de ciência, tendem para Deus.»
Fernando Gil (comentado Leibniz), *Modos da Evidência*, p. 437

1. Preâmbulo: absolução da natureza e diferença antropológica

Este segundo estudo abre com uma pergunta assaz direta: como falar com justiça sobre 3362 páginas da obra filosófica concebida em Coimbra, pelos jesuítas portugueses, durante os anos em que Cervantes, depois de passar por Lisboa, publica *La Galatea* e acaba aprisionado em Sevilha onde engendra o *Quijote*? Ou, se quisermos: no tempo em que nos *Diálogos* dedicados à gesta nacional, à "glória e triunfo dos Lusitanos", Frei Amador Arrais luta já inglória ou funebremente com a ideia de decadência. O que dizer, enfim, sobre a natureza tal como ela comparece numa obra, como o *Curso Aristotélico Conimbricense*, que tem sido visto, vulgar e apressadamente, como retrógrado na filosofia e na ciência? Talvez apreciando sob uma perspetiva renovada tantos milhares de páginas que, sendo embora um comentário a Aristóteles, combinam – hoje diríamos interdisciplinarmente – teologia, filosofia, história, geografia, medicina, experiência comum, astronomia, folclore, etc. Os volumes publicados, da principal responsabilidade de Manuel de Góis, foram antecedidos por todo um trabalho diversificado e ainda inédito sobre filosofia natural de alguns mestres cujos nomes mais ou menos conhecemos, como Marcos Jorge, nos anos cinquenta (1556-59); Nicolau Gracida (1562) e Pedro Gomez, também em Coimbra, e Inácio de Tolosa (1568), Luís Alvarez e Pedro Luís (1566), em Évora, todos estes cinco lecionando nos anos sessenta; Lourenço Fernandes (1577), em Évora, para os anos setenta; nas décadas de oitenta, alguns jesuítas de Évora, como António de Vasconcelos (1583), Gaspar Vaz (1581-85), António de Castelbranco (1587), Manuel de Lima (1588-89) e Vasco Baptista (1584); por fim, nos anos noventa: Luís de Carvalho (1590) e António Fernandes (1591), em Évora, e em Coimbra Cristóvão Egídio (1590).

A proposta deste segundo capítulo será a de levar a cabo o desiderato acabado de enunciar seguindo duas vias. Uma primeira, aqui ilustrada mediante o neologismo, *absolução* (do latim *absolutio*), encontrado na melhor terminologia da obra que vai ser analisada, entendendo-o como o culminar de um processo na absolutização de uma ideia de natureza determinada pelos motivos da perfeição e da completude e, portanto, de alguma maneira, confrontando-nos com o problema da situação dos jesuítas portugueses na história da filosofia e da ciência. Uma segunda, mais telegráfica, sobre a natureza do humano, a fim de mostrar uma rutura com a ordem da necessidade a partir do próprio quadro da natureza física, enquanto um momento incisivo na história da liberdade. Chamar-lhe-emos, à falta de melhor palavra, *diferença antropológica*.

2. A preponderância da filosofia natural.

Comecemos por reparar que em todo o Curso Jesuíta Conimbricense só cerca de 900 páginas é que não se dedicam à física! Por outras palavras, se excluirmos os volumes dedicados à lógica, à ética e um tratado explicitamente de teor metafísico contabilizamos 2462 páginas. Dito de outra maneira: mais de 73% do Curso ocupa-se de filosofia natural. A preponderância da natureza é, por isso, literariamente avassaladora, o que revela uma indisfarçável absolutização temática, algo assim como que se "filosofia" fosse sinónimo de "física". Não o é, evidentemente, e os autores, no caso, sobretudo Manuel de Góis, têm da semântica de *natura* um larguíssimo registo: (i) natureza naturante, i.e., Deus; (ii) quididade ou essência; (iii) totalidade das coisas criadas; (iv) infinita ordem das causas naturais; (v) mistos formados pelas quatro primeiras qualidades. Contudo, o facto de os Jesuítas fecharem este texto essencial da *Physica* II privilegiando a significação etimológica – acolhendo termos como "physis", "nativitas", "generatio" ou ainda "internum rei principium"[45] – não deixa de ser revelador da hegemonia da física. Sobretudo, frente à habitual dispersão filosófica de opiniões a respeito da natureza[46], os volumes do Curso nunca regateiam a possibilidade de se conhecer realmente a *physis*[47], tal como de um ponto de vista polémico visam denunciar os denominados "caluniadores da natureza"[48]. Confirmando isto temos a surpreendentemente demorada discussão sobre a verdadeira cientificidade da filosofia natural. A resposta afirmativa de Góis à pergunta "Sit ne philosophia naturalis vere ac proprie scientia, an non?" assenta em quatro ordens de razões, que devemos decifrar como um pleito pela autonomia da filosofia natural frente às ameaças neotéricas, como as de Antonio Bernardi, interpretadas em Coimbra como uma anulação do pluralismo epistemológico. Eis essas razões: porque uma tal ciência conhece os efeitos por causas necessárias, porque a sua necessidade e certeza são *a priori*, porque conhece as propriedades daquilo que

---

[45] PhIc2q1a1pp. 217-18.
[46] Cf. A. Coxito, *Estudos sobre Filosofia em Portugal no Século XVI* (Lisboa 2005), pp. 361-62.
[47] PhIc2exp215.
[48] GcIIc8q3a2p452.

muda pela natureza e essência disso mesmo, e porque é capaz de conhecer a permanência na mutabilidade[49].

Qualquer leitor de Aristóteles sabe que este tipo de cientificidade é alheio ao paradigma moderno. Será decerto também tendo isto em mente que o leitor não se escandaliza que a pergunta do início deste capítulo seja compatível com páginas espantosas, por vários motivos, discutindo com maior ou menor seriedade temas de pasmar, e tão bizarros para nós hoje em dia, como, entre muitos mais: é possível ver a água por baixo da terra? Os cabelos e as unhas têm vida? Que poder admirável têm os rios, os lagos e as fontes? Os demónios podem gerar, caso se deitem com mulheres? Por que é que sobretudo quem tem duas pupilas em cada um dos olhos consegue ter a capacidade de fascinar? Por que é que quando bocejamos, não temos vontade de coçar a orelha?

3. Naturezas da natureza (N_1, N_2, e N_3).

À parte estes ou outros inúmeros *mirabilia*, se quiséssemos falar de um modo tradicional dos conceitos de natureza que encontramos no Curso Jesuíta Conimbricense enfrentaríamos uma tarefa meritória, complexa mas talvez monótona. Sobre a complexidade da tarefa, bastar-nos-ia o aviso de Christoph Sturmius (*Philosophia eleatica* 1689) a respeito da variação semântica do vocábulo "natura", que também se encontra, como vimos, em Coimbra. Por isso ele propunha, no que era acompanhado pelo contemporâneo e célebre cientista Robert Boyle, o abandono de tal vocábulo[50]. Mas se passássemos ao mérito da tarefa,

---

[49] Phprq2p18-20; sobre A. Bernardi, vd. M. Forlivesi (a cura di)., *Antonio Bernardi della Mirandola (1502-1565). Un aristotelico umanista alla corte dei Farnese*. Atti del convegno "Antonio Bernardi nel V centenario della nascita" (Mirandola, 30 novembre 2002), Firenze 2009.

[50] R. Spaemann, "Natura", in H. Krings et al. (a cura di), *Concetti Fondamentali di Filosofia*, ed. italiana a cura di G. Penzo, Brescia 1982, vol. 2, pp. 1326; sobre o tema, sobre o qual aliás existe uma vasta bibliografia, apontaria tão-só Jean Ehrard, *L'Idée*

toparíamos de alguma maneira com as duas aceções que Kant registou nos *Princípios Metafísicos da Ciência Natural*. Como é sabido o filósofo de Koenigsberg havia distinguido entre natureza em sentido formal – "primeiro princípio interno de tudo o que pertence à existência de uma coisa" (designá-la-emos por N_1)[51] – e natureza em sentido material (aqui N_2), esta última entendida "como o conjunto de todas as coisas, enquanto podem ser objetos dos nossos sentidos e portanto da experiência, pela qual compreendemos a totalidade dos fenómenos, isto é o mundo sensível com exclusão de todos os objetos não sensíveis"[52].

3.1. "Natureza" em sentido formal (N_1).

Alguns exemplos da centena de ocorrências de N_1, na longínqua esteira da aceção ciceroniana de "natura": a alusão à "natureza da dialética"[53], tal como à "natureza dos cometas"[54], ou também à "natureza da luz e da cor"[55]. Genericamente, trata-se aqui da receção de

---

de Nature en France dans la première moitié du XVIIIe siècle, Paris Genève 1981; Pedro Calafate, *A ideia de Natureza no século XVIII em Portugal*, Lisboa 1994; Dennis Des Chene, *Physiologia. Natural Philosophy in Late Aristotelianism and Cartesian Thought*, Ithaca-London, 1996, sobretudo pp. 212-251; Id. "From natural philosophy to natural science", in D. Rutherford (ed.),*The Cambridge Companion to Early Modern Philosophy*, Cambridge, 2006, pp. 67-94; e, naturalmente, o estudo de Amândio Coxito "Natureza, Arte, Acaso e Finalidade na 'Física' do Curso Conimbricense" *Revista Filosófica de Coimbra* 12 (2003), pp. 39-68 [agora também in Id., *Estudos sobre a Filosofia em Portugal...*, pp. 355-390].

[51] I. Kant, *Metaphysische Anfangsgruende der Naturwissenschaft* (ed. Kant's Gesammelte Schriften - Ak. Bd. IV, Berlim 1911), p. 467 (agora também in: http://korpora.org/Kant/aa04/467.html): "Wenn das Wort Natur blos in formaler Bedeutung genommen wird, da es das erste, innere Princip alles dessen bedeutet, was zum Dasein eines Dinges gehört..."

[52] I. Kant, *Metaphysische Anfangsgruende der Naturwissenschaft*, p. 467: "Sonst wird aber auch Natur in materieller Bedeutung genommen, nicht als eine Beschaffenheit, sondern als der Inbegriff aller Dinge, so fern sie Gegenstände unserer Sinne, mithin auch der Erfahrung sein können, worunter also das ganze aller Erscheinungen, d. i. die Sinnenwelt mit Ausschließung aller nicht sinnlichen Objete, verstanden wird."

[53] Diprq4a1p20.

[54] MetIIIc1p24.

[55] AnIIc7q2p168. Veja-se *supra* Capítulo I.

Avicena mas sobretudo do próprio texto juvenil tomasino de introdução à metafísica, o *De Ente et Essentia*. No célebre § 3 do capítulo inicial do seu opúsculo Tomás de Aquino avisava querer esclarecer: (i) a razão pela qual os filósofos substituíram o termo "essência" pelo de "quididade"; (ii) o facto de se chamar também forma"; (iii) finalmente, a atribuição do nome "natureza", recordando o primeiro dos quatro sentidos de Boécio; quer dizer, quando, mediante o vocábulo latino *natura*, "se diz tudo o que de qualquer maneira o intelecto pode captar". E, apelando para o livro V da *Metafísica*, o Aquinate acabava por concluir que "toda a essência é natureza" [56].

Em Coimbra repetir-se-á a diferença entre "essência", "quididade" e "natureza", como relação (*ordo*), respetivamente: ao ser da coisa tal como é (*ordinem ad esse rei, cuius est*); à definição, pela qual se explica o que a coisa é (*ad definitionem, qua quid res sit explicatur*), e à operação (*ad operationem*)[57]. Com base nisto poderíamos lembrar a sugestão do jesuíta Martinho de Olave, em 1553, recomendando o estudo do *De ente et essentia*, por ser, explicava ele, "como que um compêndio do que há de mais útil na metafísica". No entanto, e apesar de os Jesuítas de Coimbra nunca terem chegado a publicar qualquer comentário à *Metafísica* de Aristóteles, temos por seguro, a partir de testemunhos internos, que os Livros IV, V e IX, pelo menos, ou estavam preparados ou gizados[58].

---

[56] Cf. T.de Aquino, *De Ente et Essentia*: "o termo 'natureza', nesta aceção, parece significar a essência de uma coisa enquanto mantém uma relação com a própria atividade, uma vez que nada é desprovido de uma atividade própria." (in *Tomás de Aquino. O Ente e a Essência*. Nova tradução do latim de Mário Santiago de Carvalho, in http://www.ief.uc.pt/UserFiles/stomasdeente.pdf)

[57] PhIIc1q1a1p203 . Também PhIIc1q1a1p218: "Quanquam si proprie loquamur hoc est discrimen inter essentiam, quidditatem et naturam, quod essentia importat ordinem ad esse rei, cuius est; quidditas ad definitionem, qua quid res sit explicatur; natura ad operationem." Cf. D. Des Chene, *Physiologia*... p. 232, que ignora a relação com o opúsculo tomasino.

[58] Cf. M.S. de Carvalho, «Tra Fonseca e Suárez: una metafisica incompiuta a Coimbra» *Quaestio. Annuario di storia della metafisica* 9 (2009), pp. 41-59.

3.2. Natureza em sentido material (N_2)

Passemos agora à aceção kantiana N_2, conquanto mais sob o prisma da palavra do grande poeta Camões – "Vejam agora os sábios na escritura que segredos são estes de Natura!" (*Lusíadas* V, 22) – do que da rutura cartesiana instauradora da física da *res extensa*[59]. Bastaria compulsarmos o índice v.g. dos *Meteorológicos* e do *De Coelo* para termos um panorama sobre a amplitude dos fenómenos sensíveis que preenchiam o horizonte da natureza material nesse tempo. Nele se incluía um não menos vasto ou impreciso conceito de experiência. Recordemos que entre a declaração de Duarte Pacheco Pereira, considerando a "experiência madre de todalas cousas"[60], e a sua receção no *Quijote*, quando a Sancho o cavaleiro da triste figura a considera "madre de las ciencias todas"[61], os jesuítas de Coimbra fazem desse vocábulo uma palavra-chave ou refrão, variado e repetido, mesmo acolhendo algum lugar para a indução[62]. Seja como for, em todas estas páginas não deixa de ser patente o motivo teleológico, conspícuo obstáculo epistemológico para a chamada ciência moderna[63].

---

[59] Cf. D. Des Chene, *Physiologia*... p. 391.

[60] Cf. Onésimo T. Almeida, «'Experiência a madre das cousas' – on the 'Revolution of Experience in Sixtennth-Century Portuguese Maritime Discoveries and its Foundational Role in the Emergence of the Scientific Worldview», in M. Berbara & K.A.E. Enenkel (eds.), *Portuguese Humanism and the Republic of Letters*, Leiden Boston 2012, pp. 377-394

[61] Miguel de Cervantes. *Don Quijote de la Mancha*. Primeira Parte, cap. xxi (ed. IV Centenário 2004, p. 188).

[62] Cf. A. Banha de Andrade, «A experiência, madre da Filosofia» *Filosofia* 7 n° 27/28: 193-199, agora in Id., *Contributos para a História da Mentalidade Pedagógica Portuguesa*, Lisboa 1982.

[63] Para um segundo obstáculo epistemológico presente no Curso, vd. W.G.L. Randles, «Le ciel chez les jésuites espagnols et portugais (1590-1651)», in L. Giard (dir.), *Les Jésuites à la Renaissance. Système Éducatif et Production du savoir*, Paris, 1995, pp. 129-144. Por exemplo, interpretando o *Comentário a O Céu* diz sobre a natureza do universo (I qq. 5-8), a natureza dos corpos celestes (II qq. 19, 33 e 34), a natureza e os efeitos da luz celeste (II qq. 43-46), ou a natureza dos efeitos celestes sobre a Terra (II qq. 52-56), Alfredo Dinis reconhecia alguma "ambiguidade" na relação a Aristóteles, sobretudo no tocante a questões como a unicidade (I qq. 10-11), a perfeição (I qq. 1, 12-13), ou a própria natureza (I qq. 5-8); conjugada com o constante recurso à probabilidade – veja-se

3.3. "Natureza" em sentido antropológico-teológico (N$_3$).

Em Coimbra encontraríamos ainda uma outra aceção – chamemos--lhe N$_3$ – mais teológica, por isso aparentemente menos kantiana. Ela é relativa às dinâmicas natureza/graça com uma consequente extensão no par intelecto/vontade. Não obstante remontar a discussões medievais, sobretudo dos séculos XIII e XIV[64], no seu contexto histórico próprio esta aceção revela-se muito importante, desde logo porque a iremos encontrar irrompendo dos próprios conceitos material e formal de natureza. Perante aqueles que assinalavam que a natureza é mãe para os animais irracionais e como que uma madrasta (*noverca*) para os seres humanos[65] – o que também pode ser compreendido à luz das palavras que um outro célebre contemporâneo dos jesuítas, o dramaturgo Gil Vicente (*O Auto da Alma*), pôs na boca de Agostinho, "... a humana, transitória natureza vai cansada em várias calmas..."[66] –, um desafio passava pela reequacionação da antropologia no seio da natureza. Mais: isso urgia no contexto das polémicas religiosas do tempo.

---

o caso da discussão sobre a identidade e diversidade das matérias celeste e terrestre – na opinião do autor isso seria sinónimo de uma obra de transição (A. Dinis, «Tradição e transição no Curso Conimbricense» *Revista Portuguesa de Filosofia* 67 (19991) 535-560, mormente 546: "O recurso a um discurso em termos de probabilidade tornou-se cada vez mais frequente nos textos publicados ao longo do século XVII, e adquiriu uma importância fundamental na polémica que opôs Galileu aos teólogos cristãos. A afirmação dos Conimbricenses (...) que atribui igual probabilidade à identidade e à diversidade de espécie entre a matéria celeste e a matéria terrestre, negando porém em seguida a legitimidade de optar pela tese da identidade, é reveladora de uma ambiguidade surpreendente. É impossível não ver aqui uma verdadeira tensão entre tradição e transição". Mais recentemente, também C. Marinheiro voltou ao tema da situação "histórica" do Curso, embora por um prisma distinto, vd. «The Conimbricenses: the Last Scholastics, the First Moderns or Something in between? The Impact of Geographical Discoveries on Late 16th century Jesuit Aristotelianism», in M. Barbara & K.A.E. Enenkel (eds.), *Portuguese Humanism*..., pp. 395-424.Também D. Des Chene, *Physiologia*... p. 215.

[64] Cf. M.S. de Carvalho, *Psicologia e Ética no Curso Jesuíta Conimbricense*, Lisboa 2010, pp. 132-34.

[65] PhIIc9q1a2p352.

[66] Cf. J.H. Elliot, *Europa en la Época de Felipe II (1459-1598)*, trad. Barcelona, 2001, p. 156, acerca do compromisso do idealismo neoplatónico com o novo sentido de desesperança na corrupção do ser humano.

Na resposta a esse desafio se há de avantajar o legado europeu do bando dos quatro jesuítas cuja obra se encontra indissociavelmente ligada a Coimbra. Refiro-me a Pedro da Fonseca, Luís de Molina, Manuel de Góis e Francisco Suárez. Fora desta atmosfera cultural tão complexa é impossível perceber-se com acribia isso mesmo que os une na diferença e singularidade, a saber, respetivamente: a retoma da causa exemplar, por parte do primeiro[67]; a aposta na concórdia, pelo segundo[68]; a hegemonia da física, pelo terceiro; a ontologia impura, pelo último deles[69].

Na discussão em torno das relações natureza/graça interessa-nos reter a sua vertente antropológica. Noutro lugar tratei do mesmo problema por banda da ética. No que agora nos interessa, não iremos encontrar a *voluntas* exclusivamente confrontada com a aceção augustinista e tomista ligada a uma componente de natureza na *voluntas*, a chamada "naturalis inclinatio", outrossim uma *voluntas* indissociável da moção da caridade e, por essa via, do motivo capital da liberdade[70]. Escrevendo em 1561 para os seus irmãos de Coimbra, o Padre Nadal recomendava a vida ativa em conjunto com a contemplativa, com o intuito de "procurar a caridade e a união com Deus", sublinhando o exercício de "não trabalhar tanto em atos de entendimento quanto o dar-se aos atos da vontade e do afeto"[71]. Note-se que esta recomendação só não colidirá com a tónica na superioridade da contemplação intelectiva[72] se a compaginarmos com uma alteração no que se deve entender por "natureza humana". Sendo a sede que

---

[67] Cf. M.S. de Carvalho, «As palavras e as coisas. O tema da causalidade em Portugal (séculos XVI e XVIII)» *Revista Filosófica de Coimbra* 19 (2009), pp. 227-258.

[68] Cf. L. de Molina, *Concordia del libre arbitrio con los dones de la gracia y con la presciencia, providencia, predestinación y reprobación divinas*.Traducción, introducción y notas de Juan Antonio Hevia Echevarría. Oviedo, 2007.

[69] Cf. C. Casalini, *Aristotele a Coimbra. Il* Cursus Conimbricensis *e l'educazione nel* Collegium Artium, Roma 2012.

[70] Cf. M.S. de Carvalho, *Psicologia…*, p. 136.

[71] Cf. J. S. da Silva Dias, *Correntes de sentimento religioso em Portugal (Séculos XVI a XVIII)*, Coimbra, 1960, pp. 643 e 647, respetivamente

[72] Cf. AnIIIc13q2a2p425.

acolhe e preenche o hábito da caridade, à vontade humana é dado um lugar capital, quer na operação, quer na tendência para a beatitude, quer dizer, na história de cada ser humano[73]. Complementarmente, só assim se explica que, no projeto educativo jesuíta para o qual Góis e Couto também contribuíram, teorizando-o[74], mais do que a herança neoplatónica do talento (*ingenium*) se evidencie o esforço da aprendizagem enquanto hábito capaz de aperfeiçoar a natureza humana.

4. Arte e Natureza (N_4). Beleza e Geometria.

Não vale a pena particular detença em nenhuma destas três aceções. Avançar-se-á, antes, com uma perspetiva que possa ser uma chave de leitura das 3362 páginas latinas que pouca gente ainda foi capaz de ler na íntegra. E atrever-nos-emos a fazê-lo continuando a ter em mira o filósofo de Koenigsberg, agora enquanto autor da *Crítica da Faculdade Judicativa*. Vale acentuar o relevo de uma outra relação, que afinal ainda une Kant a Aristóteles, a respeitante ao binómio arte/natureza (N_4). A ideia é muito simples e explica-se telegraficamente mediante o porvir hegeliano. Como é sabido Kant definira o critério da beleza pela natureza[75], enquanto Hegel sustentará ser a beleza natural um mero reflexo da arte[76]. Talvez

---

[73] Cf. Manuel de Góis, *Tratado da Felicidade*. Introdução e Estudo Complementar de Mário Santiago de Carvalho; nova tradução do original latino por Filipa Medeiros, Lisboa, 2009, p. 19.

[74] Cf. C. Casalini, *Aristotele a Coimbra...*, *passim*.

[75] Cf. I. Kant, *Crítica da Faculdade do Juízo* B179-81, § 45 (trad. de A. Marques e V. Rohden, Lisboa, 1992, p. 211): " ... a bela arte tem que passar por natureza, conquanto na verdade tenhamos consciência dela como arte. Um produto de arte porém aparece como natureza pelo facto que na verdade foi encontrada toda a exatidão no acordo com regras segundo as quais unicamente o produto pode tornar-se aquilo que ele deve ser, mas sem esforço, sem que transpareça a forma escolástica, isto é sem mostrar um vestígio de que a regra tenha pairado diante do artista (...)"

[76] Cf. G. Hegel, *Linhas Fundamentais da Filosofia do Direito*, Prefácio § 5 (trad. de M.J. Carmo Ferreira, in G.W.F. Hegel. *Prefácios*, Lisboa, 1990, p. 197): "O que é racional é real efetivo; e o que é real efetivo é racional. (...) Com efeito, o racional, que é sinónimo da

neste quadro se possa ler o arco que liga Kant a uma "estética" ainda aristotélica – repito: o critério da beleza assenta na natureza não na arte – com uma passagem imprevista pela estação de Coimbra. A beleza será tanto mais elevada quanto mais próxima estiver da natureza e, no eixo hierárquico de imitações, a natureza exprime a arte divina tal como a arte humana se aproxima da natureza[77]. Daqui seguir-se-á algo de inesperado: a possibilidade de se sopesar diferentemente a contribuição coimbrã para a ciência ocidental. Não, como é óbvio, da ciência que alegadamente nasce no dia 9 de dezembro de 1609, quando Galileu, usando o telescópio por si construído, olhou para a Lua[78]; também não daquela que, no caso concreto do movimento uniformemente acelerado, nos revelou uma sincronia na presença do trabalho de Domingos de Soto no Collegio Romano (e por esta via em Galileu) e no Colégio de Coimbra[79]; mas daquela a que não foi alheia uma inesperada relação entre matemática (ou melhor, no nosso caso: geometria) e arte, esta última também uma musa para Galileu[80]. Sendo certo que a primeira dimensão, posterior embora ao Curso de Coimbra, teve imediatos reflexos no Colégio de Santo Antão de Lisboa, em Coimbra os dois últimos motivos devem ser distintamente ponderados. Sem perder muito tempo com a segunda, vale desenvolver cautelarmente a terceira, apelando para a ideia barroca do vazio, mas privilegiando a harmonia geométrica[81]. Poremos em relevo,

---

Ideia, quando entre na sua realidade efetiva e, simultaneamente, na existência exterior, avança numa riqueza infinita de formas, manifestações e configurações e envolve o seu núcleo de um revestimento multicolor (...). "

[77] PhIIc1q5a1p231.

[78] Cf. Jorge Calado, *Haja Luz! Uma história da Química através de tudo*, Lisboa, 2011; de notar que em 1610 escreve o Mensageiro das Estrelas onde narra essas observações, cf. *Sidereus Nuncius. O Mensageiro das Estrelas*. Trad. de H. Leitão, Lisboa, 2010.

[79] Cf. W. Wallace, «Late Sixteenth-Century Portuguese Manuscripts Relating to Galileo's Early Notebooks» *Revista Portuguesa de Filosofia* 51 (1995), reproduzido in Id. *Domingo de Soto and the Early Galileo. Essays on Intellectual History*, Aldershot: Variorum Reprints, 2004, estudo IV.

[80] Cf. Mark Peterson, *Galileo's Muse*, Harvard 2011.

[81] Alejo Carpentier, *Ensayos*, Havana, 1984, p. 112: «Tenemos, en cambio, el barroco, constante del espíritu, que se caracteriza por el *horror al vacío*, a la superficie desnuda, a

portanto, a possibilidade de transferências entre o espaço que a geometria das quantidades contínuas podia traduzir e os motivos da absolução: a totalidade, a exaustão e a perfeição. Dito de outra maneira: não há razão para não se ver a afinidade existente entre harmonia, equilíbrio, uma certa identidade arte/natureza/física e o lugar da geometria na natureza. Dessa natureza que, tal como no equilíbrio de um *paterfamilias*[82], é amiga da economia, admite o que é necessário, nega o supérfluo[83], mas também conhece a completude, a circularidade, a harmonia e a ordem, tal como ainda o número, o peso e a medida. Tendo, noutra ocasião, aventado um paralelismo entre o que se considerava ser a contribuição de Palestrina para a música e o trabalho de filosofar com Aristóteles levado a cabo por M. de Góis, percorrer-se-á agora outra direção. Pertencente, propõe-se, ao eixo de uma *longue durée* estética que perdurará até Hegel, ela pode ser traduzida em Coimbra pelo aforismo, tantas vezes repetido, a arte emula e/ou imita a natureza[84].

Num magnífico texto do *De Coelo*, que já mereceu a atenção de Amândio Coxito, encontramos os pilares em que gostaríamos que assentasse a nossa leitura:

> «Existem sobretudo três aspetos pelos quais se torna evidente a perfeição e a beleza do mundo (*mundi perfectionem et pulchritudinem*): o acabamento (*absolutio*) de cada uma das

---

la armonía lineal-geométrica, *estilo donde en torno al eje central* – no siempre manifiesto ni aparente – (en la *Santa Teresa* de Bernini es muy difícil determinar la presencia de un eje central) *se multiplican lo que podríamos llamar los «núcleos proliferantes»*, es decir, elementos decorativos que llenan totalmente el espacio ocupado por la construcción, las paredes, todo el espacio disponible arquitectónicamente, con motivos que están dotados de una expansión propia y lanzan, proyectan las formas con una fuerza expansiva hacia afuera. Es decir, es un arte en movimiento, un arte de pulsión, un arte que va de márgenes (...)»

[82] GcIc5q3a3p225.

[83] GcIc5q3a2p224.

[84] Muitas são as passagens do Curso onde se topa com o tema «a arte emula a natureza», v.g., entre outros mais: GcIc4q29a1p194; GcIIc9exp72; GnIc4q29a1p194; GcIIc9exp472; PhIIc1q5a1p231; PhIIc1q7a1p237; PhIc7exp141; PhIVc5q3a1p479.

coisas de que se compõe, a distinção e a variedade da natureza (*naturarum distinctio et varietas*) e a ordem das suas partes (*partium ordo*). Estes três aspectos resplandecem admiravelmente (*mirifice elucent*) no mundo inteiro (*in mundi universitate*). No que respeita ao primeiro [1º acabamento] (...), uma obra deve considerar-se tão perfeita quanto segue de perto o seu princípio; por isso, o círculo ocupa o primeiro lugar entre todas as figuras e o movimento circular entre todos os movimentos, dado que se realiza nele um retorno ao seu princípio. Com efeito, todos os seres criados regressam à sua fonte e à sua causa, que é Deus, pois reproduzem, pela existência e pela natureza, a sua imagem e as suas perfeições (...). E cada ser pela sua própria indivisibilidade representa a unidade de Deus, tal como pelo ornamento (*decor*) representa a sabedoria e pela utilidade, a bondade. Quanto [2º] à variedade e à distinção da natureza, também por este lado é perfeito o Universo (*universi absolutio*) por conter todas as categorias de seres (...), dado que compreende em si os géneros supremos das coisas – nos quais em primeiro lugar o ser se realiza –, assim como as substâncias corpóreas e incorpóreas, os compostos mistos e os simples, os seres animados dotados de razão e os desprovidos dela; e ainda as formas unidas à matéria e as que dela estão libertas (...). Para além disso – como a natureza de uma só espécie não pode encerrar todos os graus de perfeição e como é necessário que existam muitas espécies pelas quais esses graus se disseminem, superando-se, assim, umas às outras em dignidade –, verifica-se que aquela variedade e desigualdade (*varietas et inaequalitas*) ocorre a cada passo em todo o Universo, no qual as espécies se dispõem numa gradação ascendente: de facto, os mistos são mais perfeitos que os elementos, as plantas mais que os metais, os animais mais que as plantas, os homens mais que os animais e as substâncias imateriais mais que os homens. Precisamente por este motivo (...), existe no mundo como que uma certa harmonia (*quasi harmonia*). Tal como no canto a disciplina das vozes origina um concerto harmonioso, também a totalidade do Universo forma um todo ajustado através do acordo e da variedade de coisas desiguais e dissemelhantes (...). Resplandece, por fim, a perfeição do mundo, como dissemos, [3º] pela ordem das partes de que se compõe. A ordem é a disposição de coisas iguais e desiguais, ocupando cada uma delas o seu lugar (...). Mas existe, para além desta ordem de posição (*ordinem situs*), uma outra que salienta admiravelmente (*mirifice*) a perfeição dos seres criados; por ela – à semelhança do que acontece com os soldados (*milites*) entre si e em relação ao comandante do exército –, as partes do Universo ordenam-se reciprocamente em função de um chefe (*unum principem*), que é Deus: Deus como sua causa eficiente, exemplar e último fim.»[85]

4.1. Criacionismo e causalidade.

Como se acaba de ver os três pilares – *absolutio, distinctio* ou *varietas* e *ordo* – resumem-se num quarto (significativamente, para a Companhia, introduzido mediante o recurso a uma metáfora militar) que legitima a leitura do triângulo da causalidade no quadro de uma metafísica criacionista. Todas as realidades criadas assemelham-se ao ser e à natureza de Deus, origem (*fons*) e criador (*effector*) delas, evidenciando a Sua perfeição sem a exprimir, mas esboçando-a, a guisa de imitação, disseminando o Criador os sinais (*indicia*) do

---

[85] CoIc1q1a3-5p10-12; cf. a tradução livre de A. Coxito, Estudos... pp. 191-92, aqui e ali ligeiramente modificada. Os sublinhados e os parênteses retos são da nossa responsabilidade.

que pretende significar. Dito numa fórmula exagerada: toda a *res* é um *signum*, razão pela qual os sinais naturais detêm uma natureza adequada, a suficiente potência para a significação[86]. Compreende-se por isso, que se diga que a indivisibilidade de qualquer realidade criada representa em si mesma a unidade de Deus, o ornamento (*decor*) a Sua sabedoria, e a utilidade a Sua bondade. Mas o texto acabado de reproduzir revela-nos uma citação tácita da *Summa* de Henrique de Gand, na esteira da crítica de Boaventura a Aristóteles, há muito sublinhada por J. Gómez Caffarena[87]. Manuel de Góis encontrava o relevo da causa exemplar autorizado por Pedro da Fonseca, por aquele enquadrado na mais antiga ideia de uma relação (*ordinantur*) a Deus, causa eficiente, exemplar e final[88]. Um tal motivo comparece ainda glosado, quer a partir de um autor tão relevante no comentário a Aristóteles, Agostinho, quer do livro da *Sabedoria*, respetivamente: modo, espécie e ordem, e número, peso e medida. Explicando: a causa eficiente é relativa ao modo ou à limitação da criatura, a causa exemplar refere-se ao seu ser específico, formado e completo, e a causa final remete para a ordem ou inclinação dela para o bem; por seu lado, o número é respeitante à espécie, o peso à ordem e a medida ao modo[89].

---

[86] InIc1q2a2p14-16. Embora todos os sinais pareçam ser convencionais, uma vez que todas as coisas naturais dependem da livre vontade de Deus, sabendo que as coisas dependem para a sua existência dessa vontade e da sua essência das ideias divinas prévias à mesma vontade, a significação natural funda-se na natureza da coisa e não na dita vontade, resultando daqui a diferença notável entre os sinais, a saber: no sinal convencional exige-se que quem conhece tenha a memória da significação e da coisa significada, ao passo que no sinal natural não, pois em si mesmo ele detém em virtude da natureza supra referida. Cf. *The Conimbricenses. Some Questions on Signs*. Translated with Introduction and Notes by John P. Doyle, Milwaukee, 2001.

[87] Cf. J. Gómez Caffarena, *Ser participado y ser subsistente en la metafísica de Enrique de Gante*, Roma, 1958; M.S. de Carvalho, *A Novidade do Mundo: Henrique de Gand e a Metafísica da Temporalidade no Século XIII* Lisboa 2001.

[88] Cf. para a relação com Fonseca, vd. M.S. de Carvalho, «As palavras e as coisas. O tema da causalidade em Portugal (séculos XVI e XVIII)» *Revista Filosófica de Coimbra* 19 (2009), pp. 231-36.

[89] CoIc1q1a5p12.

4.2. O princípio da unidade e o motivo da hierarquia/harmonia.

Comecemos pela causa eficiente na sua articulação com o motivo de uma Criação feita pela Sabedoria e, por isso, dependente da própria causalidade formal. Frente à essência das coisas que dependem das ideias divinas mas são independentes da vontade de Deus, sendo por isso eternas, o racional da eficiência deve traduzir, primeiro, a implicação existente entre medida – a limitação da criatura, designadamente – e número[90]. Numa secção não reproduzida do texto acima podia ler-se, a respeito da primeira característica, haver uma dupla perfeição, essencial e acidental, aquela permanente, ao contrário da acidental, que pode desaparecer ou suportar a variedade[91]. A beleza e a perfeição do universo[92] reside então, sobretudo, nas espécies das coisas, numa direção hierárquica de perfeição crescente[93]. Na apreciação da beleza das espécies sobressai uma figura equilibrada nas partes e dotada de uma certa suavidade na cor[94] – a finalidade comum das cores está, aliás, na beleza do universo[95] –, aceção sempre fundamentada na exemplaridade divina enquanto "ser específico, completo e acabado", tal como os números[96]. Primordialmente a relação entre as formas e os números funda-se na própria unidade, no número um: tal como os números procedem infinitamente da unidade, como que de uma raiz, de Deus procedem todos os seres[97].

---

[90] InIc1q2a2p15.

[91] CoIc1q1a3p10. Sendo as formas na sua beleza como imagens que adornam "o teatro do mundo" (CoIc1q1a1p7), só com qualificação se pode conceber uma maior perfeição do Universo (CoIc9q2a2p95).

[92] GcIIc11exp485.

[93] CoIc1q1a4p11.

[94] Ipc2exp164.

[95] Met4c3p38-39; *vd. supra* capítulo I.

[96] CoIc1q1a5p12.

[97] CoIc9q3a2p100.

Recorrendo-se à retórica geométrica e metafísica da medida dir-se-á que a natureza é a medida da arte, ao ponto de a arte humana, ao produzir os seus artefactos, dever emular a natureza criada, fundada no exemplar divino, cuja arte é o mais ponderoso critério da atividade humana. Considere-se então a existência, tal como se revela no adágio "a arte começa onde a natureza acaba" em linha com a palavra de Aristóteles segundo a qual a arte aperfeiçoa a natureza. A interpretação desta capacidade deve compreender-se mais no registo inferior ou limitativo da quantidade, não no da qualidade. Isto equivale, primeiro, num contributo para uma certa desmistificação da natureza sensível, a negar às formas dos artefactos qualquer capacidade ativa (*vis ativa*)[98]; e segundo, num gesto de totalização barroca, a frisar como a falta da composição e da ordem implica o acaso e a temeridade[99].

Outra figura desta racionalidade é a hierarquia. Entre outras possibilidades, ela aparece-nos descrita nas duas maneiras seguintes: a nata (*flor*) dos elementos do mundo inferior está contida no corpo celeste superior, tal como as borras (*faex*) do mundo superior se encontram no inferior[100]; ou glosando-se Dionísio, asseverando que a parte mais elevada de uma dimensão inferior confina com a parte mais baixa de uma dimensão superior[101]. A hierarquia não é incompatível com a oposição e muito menos com a harmonia. Tal como um movimento perfeito rege as esferas superiores do Universo, na esfera sublunar domina a lei da mútua ação dos contrários[102]. A harmonia do mundo consta da variedade das coisas, à semelhança da moderação no canto polifónico[103]. Motivo tão sensível

---

[98] PhIIc1q6a3p236.
[99] Diprq1a1p8.
[100] CoIIc1q2a3p146.
[101] Anprqua2p7; PhIc1q4a1p84.
[102] GcIc9q3a2p330; pertence à lei da natureza o equilíbrio dos contrários (GcIc5q4a2p229).
[103] CoIc1q1a4p11; também ainda CoIc9q2a2p97, para a música.

nos séculos do Renascimento, a concórdia discordante e a oposta amizade que integra a conservação, a ordem e a beleza dos elementos do mundo são a chave simbólica de leitura do cosmos, desde as estações do ano, num harmonioso dissídio[104], à subestimação do erro, do mal, da guerra[105] e da monstruosidade[106].

Prestemos porém uma breve atenção ao modo como, no plano da existência efetiva, se começa a inscrever a diferença antropológica, mediante uma admissão da superioridade da vida no cosmos sublunar, o verdadeiro lugar do humano. Explicando: é mais nobre mover-se a si próprio do que ser movido por outrem (só os seres vivos é que se movem a si próprios), de onde se segue que quaisquer seres vivos, mesmo as ervas, são na natureza mais nobres do que os corpos celestes[107]. Em suma, como qualquer vivente supera um não vivente[108] e as tarefas da vida que competem aos seres animados são mais nobres do que o movimento celeste[109], este motivo antropocêntrico deverá coincidir com a ênfase da harmonia que se pode encontrar no ser humano. Trata-se de uma harmonia detetável na ordem das moções da vontade até aos movimentos dos membros exteriores[110]. Sendo certo que a vontade move, na forma de domínio servil, os membros externos sem a intervenção do desejo sensitivo[111], nas faculdades da alma ela age na qualidade de agente supremo[112]. Daqui que a *scientia*

---

[104] GcIIc8q6a2p466.

[105] Sobre a pax v.g. apresentada como "a tranquilidade da ordem", reconhecendo-se a sua falta no Universo, o que é assinalado pela antipatia entre os seres e a incompatibilidade (*repugnantia*) entre as qualidades dos elementos, vd. CoIc1q1a1p7; sobre o mal, vd. GcIc4q16a5p125; AnIIc1q1a2p58.

[106] CoIc1q1a6p13, para a afirmação de que até os monstros têm a sua própria beleza, nisso contribuindo para a elegância do Universo.

[107] CoIIc1q2a2p142.

[108] CoIIc1q2a2p144.

[109] CoIIc1q2a3p146.

[110] Etd4q3a4p39.

[111] Etd4q3a4p38-39.

[112] Etd4q3a4p39.

de anima, radicada na física e na necessidade, aponte para a dimensão metafísica da separação, onde a perfeição radical da vontade, exigida embora pela natureza, representa a culminação da experiência histórica da liberdade contra a necessidade. Este será, aliás, um dos tópicos principais do próximo capítulo.

4.3. O princípio da finalidade e o motivo da "lei eterna" (ou liberdade).

Relativa à ordem das suas partes na inclinação para o Bem, a perfeição de qualquer coisa reside também no equilíbrio do seu princípio, meio e fim[113]. A este respeito tem-se evidenciado o modo como a teleologia pode representar um obstáculo epistemológico. Na verdade, só se a natureza não possuir um fim em si é que se pode abrir caminho para o seu domínio ilimitado, tão característico da chamada ciência moderna. A presença capital da teleologia ajuda-nos a enquadrar o futuro motivo do otimismo leibniziano que comparece em Coimbra a propósito das refutações de Anaxágoras, de Empédocles, de Demócrito e de Epicuro[114], mas, ao mesmo tempo, ela explica por que o desiderato comum a Sturmius e a Boyle não poderia ser levado a cabo por decreto, mas antes por um lance que ligasse o adeus à teleologia com a despedida do próprio conceito antigo de natureza. Se tomarmos o *De rerum natura iuxta propria principia* (1565) de Telésio como paradigma do naturalismo renascentista, aparentemente, qualquer crítica às conceções abstratas e arbitrárias da natureza – elas confeririam à natureza propriedades que não podiam ser registadas sensivelmente[115] –, parece ferir de morte todo o texto de Coimbra.

---

[113] CoIc2exp18.

[114] PhIIc9q1a1p350. Devem ler-se as alusões a esses autores com o tom de atualidade de quem acaba de ver acessível em latim finalmente a obra de Diógenes Laércio.

[115] Cf. Gianni Micheli, "Natureza" in *Enciclopédia Einaudi* vol. 18, trad., Lisboa 1990, p. 23.

E na verdade, como não podia deixar de ser, nas páginas do Curso lê-se que a natureza nada faz em vão, que faz o melhor possível, odeia o supérfluo, não recusa o que é necessário, é justa, pois confere a cada um o que lhe é devido não segundo a igualdade da aritmética (*aequaliter*), mas antes segundo a uniformidade da geometria (*aequabiliter*), operando por isso inteligentemente[116]. Cabem aqui, entre muitos outros tópicos mais, a fecundidade, a beneficência da luz, além da incrível instantaneidade da sua trajetória (*celeritate id est momentanea actione*), e a sua aptidão para o embelezamento do mundo e ritmo cósmico próprio[117]. Depois, è de novo, a figura dos contrários, justificada pela detenção de uma perfeição maior ou menor[118], no quadro de intermediação entre extremos[119]. A própria mudança é explicada no mesmo âmbito[120], tal como o conflito entre os elementos, ambos contrários físicos requeridos para a ordem do Universo[121]. A beleza do universo ou do mundo resulta do desígnio divino e evidencia-se na oposição dos contrários[122] ou da ação criadora da providência[123]. Tudo, por isso, nos permite reconhecer a importância aristotélica da causalidade final, mas importa não esquecer também como o elogio feito da ordem, apoiado em Agostinho e em Gregório de Nazianzo, nos assevera estarmos perante um pai, princípio ou origem de todas as coisas que prescreveu a beleza e a estabilidade, o alimento e a sede de tudo o que é animado, ligando céu e terra[124]. Desta maneira, o motivo teleológico que preenche e atravessa a natureza culmina

---

[116] PhIIc1q1a1p218.
[117] CoIIc7q5a2p267.
[118] CoIIc3exp153.
[119] CoIIIc5q1a1p358.
[120] GcIc3exp14.
[121] CoIc1q1a6p13.
[122] GcIc4q16a5p124.
[123] Qcs1p534.
[124] GcIIc10exp474.

no sobrenatural. A chave da natureza está para além da natureza. A perfeição e a beleza dos elementos após o dia do juízo aumentarão em luz[125]. Todas as qualidades de ordem natural têm um limite além do qual não podem ir, mas – sublinhe-se – as qualidades de ordem sobrenatural como a graça e a caridade, podem aumentar nesta vida[126]. Neste sentido, o intérprete da natureza é o Homem livre, aquele que transcende a natureza.

O motivo teleológico – peso/bem/bondade – ajuda-nos a captar a autonomia da antropologia frente à física. Este ponto não é surpreendente, mas não deve ser assacado exclusivamente à ética. A causa final pertence à física e à metafísica, embora diferentemente. Na *Ethica* lemos que o fim, tomado como absoluto, convém a todo o tipo de natureza, mas no sentido mais restrito ou qualificado da ação, o absoluto só diz respeito às naturezas intelectuais[127]. Ora o planeta Terra, habitação do ser humano, significativamente apelidado de *parvus mundus*, é a outra figura onde eclode a instauração da antropologia, não obstante os motivos mais tradicionais do aristotelismo geocêntrico. É natural à Terra o seu repouso no centro do mundo[128]. Ela é um elemento puro de uma maneira qualificada[129], é sumamente pesada[130], arredondada[131], não é plana, nem esférica e também não é muito grande[132]. O seu equilíbrio e centralidade são notórios.

---

[125] CoIc12q1a2p127.

[126] CoIc11q1a3p109.

[127] Etd2q2a2p16-17.

[128] CoIIc13exp307; cf. M.S. de Carvalho, «O Lugar do Homem no Cosmos ou o lugar do cosmos no Homem? O tema da perfeição do universo antes do paradigma do mundo aberto, segundo o comentário dos jesuítas conimbricenses» *Veritas* 54 n. 3 (2009), pp. 142-155.

[129] Qms1p405.

[130] CoIIc3exp154.

[131] CoIIc14exp313.

[132] CoIIc14exp315; de facto, filósofos e geógrafos ou geómetras discutem sobre o âmbito e o diâmetro da Terra sobretudo em razão da discrepância nas suas medidas (CoIIc14q1a1p316); vd. também C. S. Marinheiro, «The Conimbricenses: the Last Scholastics...».

A Terra supera todos os outros elementos, perpetuamente em repouso no centro de um Universo volúvel. Acima de tudo, evidencia-se a excelência da sua beneficência, o facto de comportar uma admirável semelhança com o corpo humano e com os seres animados em geral[133]. É que também a *fabrica humani corporis* foi criada por Deus, autor da natureza, de modo a que cada parte do corpo humano tenha a sua função[134], daí resultando a consonância (*convenientia*) admirável entre os movimentos do coração, das artérias e da respiração[135]. De novo, não é só Galeno que completa Aristóteles. Citando Ambrósio de Milão e Ficino, M. de Góis escreve que a beleza (*species*) do corpo é uma imagem (*simulachrum*) da mente, à luz da congruência e harmonia entre corpo e alma[136]. Dado que o alcance da composição adequada e a beleza nas coisas criadas atinge corpo e alma, a harmonia manifesta-se quando os apetites irascível e concupiscível se submetem à vontade, a vontade à razão e a razão à lei eterna. Se o elogio dessa harmonia pode chegar a ofuscar a própria beleza física, avaliada por isso como não verdadeira (apesar de no âmbito dos seres vivos se poder defini-la como composição adequada dos membros com uma certa suavidade das cores[137] e até de o próprio Cristo ser o paradigma da beleza física)[138], é porque de alguma maneira àquela lei não pode ser alheio o motivo antropológico e teológico de uma vida ativa na caridade como motivo aperfeiçoador de uma *voluntas* que se assume como possibilidade de transcender a natureza. Por isso as ações da vontade são absolutamente (*simpliciter*) livres[139]. Dito de outra maneira: é prescrição da lei eterna que uma natureza, como a

---

[133] CoIIIc5q2a1p363.
[134] GcIc5q3a1p221.
[135] Rec6p63-65.
[136] GcIIc8q3a3p455.
[137] CoIIc8q3a3p454.
[138] GcIIc8q3a3p455.
[139] AnIIIc13q1a3p417.

do Homem, não se circunscreva ao espaço de uma natureza material exaustiva e plenipotenciária. A lei eterna não é a lei da necessidade, mas a da liberdade.

4.4. O princípio da plenitude e o motivo da absolução da Natureza.

Mas como abordar, por fim, a relação entre a exaustividade da natureza e a centralidade da causalidade formal? Voltando ao princípio barroco da plenitude de uma natureza feita pela arte compreendendo nela o próprio motivo da absolução.

A entidade (*res*), quididade ou essência seja do que for estabelece-se como perfeição e a perfeição do Universo decorre do facto de se tratar de um corpo que no seu todo não é contido por outro[140]. Eis-nos perante a expressão mais clara da absolução que é, ao mesmo tempo, no quadro da física e da cosmologia, a expressão de um "mundo fechado", na adequada formulação de A. Koyré. Ora, num mundo fechado, o número, a forma e o círculo, i.e., a unidade, o princípio físico da plenitude e o motivo mais metafísico da completude (*absolutio*), ganham um alcance "estético" praticamente exaustivo, também geometricamente determinável por quantidades abstratas contínuas, as linhas e as extensões abstraídas da matéria[141]. Recorde-se que a linha, a superfície e o corpo são três dimensões ou espécies da quantidade e que a quantidade contínua abstrata traduz a perfeição do Universo[142]. O interesse deste vínculo é que ele nos permite captar a relação entre a causalidade exemplar e a matemática, ou melhor, a geometria, entendida esta como estudo da quantidade contínua abstrata. Recordemos que a causa formal é a única das quatro

---

[140] CoIc1exp6.
[141] Diprq2a2p15.
[142] CoIc1exp4; CoIc1exp6.

integradas pela totalidade das ciências teoréticas[143], às quais pertence a matemática, mas, à semelhança do que sucedia com a causa final, sabemos que a causa formal se pode considerar duplamente, ora do ponto de vista da física, ora do ponto de vista da metafísica, como Fonseca ilustrara.

Uma vez que afloramos a matemática avance-se uma brevíssima divagação. Diferentemente do que sucederá no Colégio de Santo Antão de Lisboa, o estatuto da matemática em Coimbra não parece ter sido fundamental. Quiçá mesmo insignificante, se amplificarmos o testemunho de Cristóvão Clavius; ou um estatuto pelo menos efémero, se levarmos em linha de conta a sugestão de W. Wallace, nos anos 70, sobre os manuscritos da *Physica*, do *De Coelo* e do *De Generatione* anteriores à publicação do Curso[144]. Tendo iniciado os seus estudos no Colégio de Jesus de Coimbra em 1556, onde decerto privou com o notável matemático e professor da Universidade dessa cidade, Pedro Nunes, pelo menos até agosto de 1560[145], Clavius queixou-se ao aluno Grienberger do pouco apreço que Pedro da Fonseca nutria pela matemática[146]. Também sabemos que Sebastião do Couto, o jesuíta com quem encerra a publicação do Curso (1606), se envolveu numa polémica sobre o estatuto da matemática, ao negar, contra as muito aplaudidas lições coimbrãs do famoso Cristóvão Borri, a cientificidade dessa matéria, procurando até inviabilizar a publicação daquelas lições, contra o parecer dos seus colegas de Coimbra e de Lisboa. Enfim, se quiséssemos uma presença explícita (apesar de tudo tão pequena) da matemática, ou mais especificamente da Geometria, no Curso Jesuíta encontrá-la-íamos numa secção sobre *De Anima* 413ª

---

[143] PhIc1exp50.

[144] W.A. Wallace, «Late Sixteenth-Century Portuguese...», p. 698.

[145] Cf. E. Knobloch, «Nunes and Clavius», in L. Saraiva & H. Leitão (ed.), *The Practice of Mathematics in Portugal*, Coimbra 2004, p. 163

[146] Cf. U. Baldini, «The theaching of Mathematics in the Jesuit Colleges of Portugal, from 1640 to Pombal», in L. Saraiva & H. Leitão (ed.), *The Practice...* p. 312, nota 26

17, aliás ilustrada, relativa à operação de quadrar um retângulo[147]. Outras expressões aritméticas se encontram, v.g. em *De Coelo*[148], estas sobretudo como glosa inexplícita ao *De Sphaera* de Sacrobosco, uma tradição lusitana também imposta logo no momento em que Fonseca arquitetou o Curso[149]. Seja como for, se todas estas referências nos não permitem falar de matematização da física (longe disso!), forçam-nos a reconhecer uma relação assaz crítica entre a geometria das quantidades contínuas e o princípio qualitativo da plenitude da natureza, ambos contribuintes ativos para a absolução da natureza. O problema crítico aqui é este: se a racionalidade da natureza na sua totalidade reside na beleza como é que a linguagem geométrica a pode traduzir adequadamente, i.e., com certeza?

Se para qualquer moderno o privilégio da unidade na geometria e na matemática não se pode subalternizar à metafísica, diferentemente, para Góis e para Couto, enquanto leitores de Aristóteles, o papel quantitativo da matemática, por mais rigoroso que fosse, e era-o[150], ficava sempre aquém do superior registo qualitativo da forma. A quantidade não tem uma capacidade ativa (*agendi vim*) e embora siga de alguma maneira a forma, designadamente na imposição da medida, absolutamente considerada segue antes a matéria[151]. A natureza, a *physis* como sua designação mais habilitada, como vimos acima, deve assim ser considerada na duplicidade existencial e essencial, mas nesta última há mais cientificidade, leia-se: certeza. É aqui que se faz sentir toda a importância da causalidade formal, autêntica quinta causa exigida pelo criacionismo a fim de romper com a matriz aristotélica. Competia-lhe

---

[147] AnIIc2exp96.

[148] CoIc2q1a3p23.

[149] Cf. M.S. de Carvalho, «Introdução Geral», in *Comentários do Colégio...*, p. 28.

[150] Sobre o rigor da matemática vd. Phprq5a4p42; Sebastião do Couto não ignora que muitos autores consideravam as matemáticas como sendo as verdadeiras ciências (Sac2q1a4p355), mas muitas razões havia para que tal tese devesse ser repudiada, mormente a impossibilidade de a sua demonstração ser apriórica (Sac2q1a4p357-60).

[151] GcIc4q4a2p44.

elevar a física a ciência essencial, mas isso só podia suceder por aquilo que Kant considerou o esforço da forma escolástica, quer dizer, a sobre-determinação da qualidade no contínuo (a absolução da natureza)[152].

Número, medida e harmonia são chaves quase sinónimas para a leitura da totalidade do cosmos, começando no mundo dos elementos[153] e acabando nos corpos celestes. Estes distinguem-se em espécie e em número entre si[154] e foram criados com ordem, constância e proporção nos respetivos movimentos[155]. A sua inenarrável ordem e constância é aliás atestada por Platão – anota o comentador de Aristóteles, M. de Góis[156]. Continuamos, é certo, a encontrar a cansativa repetição dos lugares comuns da física aristotélica, mas vale a pena atentar-se no modo como o seu esgotamento se processa: quer porque, em breve, esses lugares já nada dirão – ironizando, Francis Bacon considerará a enteléquia aristotélica (também ela deu que pensar aos mestres de Coimbra) tão estéril quanto uma virgem consagrada[157] – quer porque, ao mesmo tempo e inesperadamente, a própria frequência desses mesmos lugares comuns, num barroquismo "estetizante", digamos, concitava a suspeita sobre a equação beleza, perfeição e completude. Um efeito rematado daquele esgotamento, para acabar, diz respeito ao círculo, a principal entre todas as figuras e movimentos[158]. O movimento circular é mais perfeito do que o retilíneo[159], é mesmo o mais perfeito, sendo por isso o tipo de movimento adequado ao céu, dito assim "princípio de todos os movimentos, luz diviníssima de

---

[152] Vd. *supra* nota 75.
[153] CoIIIc5q3a2p370.
[154] CoIIc5q3a2p219.
[155] CoIIc1q1a4p140.
[156] Qms3p416.
[157] F. Bacon, *De dignitate et augmentis scientiarum*, in *The Works of F. Bacon* II, p. 340; apud R. Spaemann, "Natura", p. 1340.
[158] CoIc1q1a3p10.
[159] Asd2a2p476.

todas as qualidades materiais, dotado de tanta eficiência que pela sua própria virtude ou capacidade desvia todas as pragas do mundo"[160]. De alguma maneira este também poderia ser um dos aspetos em que o Curso jesuíta Conimbricense atestaria uma passagem entre tradição e transição[161], mas ainda ninguém tinha posto em evidência a possibilidade da quota-parte da abolução da natureza neste devir, quer dizer, o efeito de exaustão no condicionamento recíproco entre arte, natureza, beleza e geometria.

5. Resumo conclusivo.

Uma vez aqui chegados estamos em condições de enfatizar os seguintes pontos.

A inegável matriz aristotélica ao serviço de um programa que passava por combater quem desprezava a natureza e o seu conhecimento, insistindo ao mesmo tempo na importância dessa matriz como paradigma da ciência natural.

A constância das aceções material (N_2) e formal (N_1), mas também o reconhecimento da sua peculiaridade, mediante o criacionismo, a problemática teológica e antropológica da natureza do Homem (N_3) e, sobretudo, pela reinterpretação da causalidade pela adição de uma quinta causa.

A fissura no aristotelismo provocada pela admissão da quinta causa que, lida à luz da metafísica criacionista, nos fez topar com a amplitude da dimensão "estética" ou barroca da natureza (N_4).

O modo como em vários registos da causalidade se pode descortinar a diferença antropológica ou a reinvenção da antropologia, quer dizer, o advento da Liberdade contra a Necessidade.

---

[160] CoIIc1q2a1p140.

[161] Cf. *supra* nota 61.

A figura da completude para descrever as relações arte/natureza evidenciando, quer a hegemonia, quer o esgotamento da natureza sob a luz de um modelo de quase absoluta coincidência geometria/beleza (N_4). A hipótese da absolução da natureza poder vir exigir a introdução do novo paradigma para a natureza, já pela subalternização das quantidades contínuas às discretas, já pelo diálogo com o registo neoplatónico da separação do incorpóreo face ao corpóreo, já pela exaustão do motivo "estético" da plenitude da natureza. Se tudo isto fizer algum sentido, então teremos de reformular um pouco mais ainda a nossa narrativa acerca da estrutura das revoluções científicas.

III. DA METAFÍSICA DO CONHECIMENTO À SEPARAÇÃO DO CONHECIMENTO ("SECUNDUM SEPARABILITATEM")

"In jedem ernsteren philosophischen Problem reicht die Unsicherheit bis an die Wurzeln hinab.
Man muss immer darauf gefasst sein, etwas *ganz* Neues zu lernen."
(L. Wittgenstein, *Bemerkungen über die Farben* I: 15)

1. Uma questão de método

Desde que tomámos contacto pela primeira vez com o *Comentário ao 'De Anima' dos Jesuítas de Coimbra* veio-nos à ideia que os dois apêndices do volume, um sobre os cinco sentidos, outro sobre a alma separada, antecipavam à sua maneira uma época por vir, conhecida por opor a *res extensa* à *res cogitans*. Hoje, alguns anos volvidos sobre aquele primitivo encontro pensamos o mesmo, mas somos forçados a fazer algumas precisões e aprofundamentos. Tem crescido exponencialmente a bibliografia e o interesse da pesquisa sobre o pré-cartesianismo, mas, grosso modo, no que à atenção pormenorizada aos textos de Coimbra concerne, julgamos que falta ainda contribuir com uma linha de investigação mais paradigmática do que genética. Entenda-se por linha ou perspetiva paradigmática aquela que em vez de atender a paralelismos, privilegiando uma qualquer influência histórico-textual, prefere antes examinar o modo como se aceleram determinados motivos filosóficos que compareçam nos textos, independentemente da sua proveniência disciplinar (filosofia, teologia) ou tipológico-literária (tratados, comentários, etc.).

Deixando de lado o apêndice dedicado aos problemas do conhecimento sensível, também ele sintonizando com uma época de renascimento ou recrudescimento da atenção sobre o vasto mundo criado[162], analisaremos neste derradeiro capítulo o apêndice sobre a alma separada, o *Tractatus de Anima Separata*. Da autoria do flaviense Baltasar Álvares, o jesuíta que ficará sobretudo conhecido por ser também o editor do *Comentário do 'De Anima'* do seu eminentíssimo confrade Francisco Suárez, esse apêndice ou suplemento (*quasi supplemento*) ao 'De Anima' de Coimbra, de conteúdo metafísico, integra-se com tempestiva atualidade no seu tempo. Enquanto promotor da separação da metafísica – do conhecimento, no caso, veremos a seguir – em relação à física, de onde deve partir todo o exame da alma (a *scientia de anima*), como também adiante se dirá, encaramos poder ler-se um tal suplemento ou apêndice numa direção prospetiva. Sublinhe-se: orientada no sentido do que se chamará a separação do conhecimento (no sentido de um genitivo objetivo) condicionando a aceleração da problemática gnoseológica moderna[163]. Defenderemos a ideia de que, pelo menos em Coimbra, esta aceleração, vendo-se a si própria como de natureza puramente filosófica, no tocante aos flagrantes motivos aristotélico-tomistas que visam um afastamento crítico do luteranismo, se conjuga com razões platónico-augustinistas, não menos atuais mas

---

[162] Cf. M.S. de Carvalho, *Psicologia...*, *passim*; poderá ver-se também A.A. Banha de Andrade, "Teses fundamentais da Psicologia dos Conimbricenses" *Filosofia* 4: 13 (1957), pp. 32-69, agora in Id., *Contributos para a História da Mentalidade Pedagógica Portuguesa*, Lisboa, 1982, pp. 99-141.

[163] Um bom exemplo de que se trata de "separação" e não meramente da questão da imortalidade, poderia ser obtido pela consulta de um texto coevo português (1550), a merecer maior detença, mas de perfil mais platónico do que aristotélico, vd. Álvaro Gomes, *Tractado da Perfeiçaom da Alma* II c.3. Introd. e notas de A.M. de Sá, Coimbra, 1947, p. 75.

de natureza teológica; propor-se-á alfim que a figura da separação (*anima rationalis secundum separabilitatem a corpore spectata*) constitui o gonzo desta conjugação. Como é sabido, a figura da separação, sendo compaginável com a da abstração não é com ela identificável. De facto, enquanto esta serve de critério determinante para a individuação das ciências[164], comportando por isso um registo epistemológico, não será de todo impossível ver-se na temática da separação, de natureza mais ontológica e horizonte teológico, uma das causas da aceleração do tema moderno da gnoseologia. Se tivermos razão ter-se-á doravante de começar a implicar o renovo do criacionismo como contribuinte ativo para a modernidade.

2. 'Psicologia' e Imortalidade: o contexto do *Tractatus*

Ninguém pode discutir a oportunidade da publicação deste texto de metafísica no quadro de uma "metafísica nunca escrita" pelos Jesuítas Conimbricenses[165]. No fim de contas, tratava-se de tomar posição frente a um tema candente, pelo menos desde Quatrocentos, relativo ao lugar do Homem no Cosmos[166]. Objetivamente, porém, tratava-se de discutir de modo explícito, e de procurar provar-se, de maneira filosófica, a imortalidade da alma[167]. Neste contexto há duas datas relevantes e contrastantes que de facto se refletem no apenso de

---

[164] Cf. Phprq1a3-5pp.8-11; Sac23qua1p478.

[165] Cf. M.S. de Carvalho, «Tra Fonseca e Suárez: una metafisica incompiuta a Coimbra» *Quaestio. Annuario di storia della metafisica* 9 (2009), pp. 41-59.

[166] M. S. de Carvalho, «O Lugar do Homem no Cosmos ou o lugar do cosmos no Homem?...», pp. 142-155.

[167] Cf. Paul Richard Blum, «The Immortality of the Soul», in J. Hankins (ed.), *The Cambridge Companion to Renaissance Philosophy*, Cambridge, 2007, pp. 211-33, não obstante este autor ignorar quase tudo sobre o *Tratactus de Anima Separata* (*vide* as suas notas 105 e 106). A mesma confrangedora ignorância se encontra em Tuomo Aho, «The Status of Psychology as Understood by Sixteenth-Century Scholastics», in S. Heinämaa (ed), *Psychology and Philosophy*, Springer, 2009, pp. 47-66 (vide p. 49).

Baltasar Álvares à edição póstuma de Manuel de Góis, além de pelo menos três nomes em fundo no cenário do mesmo apenso. Refiro--me ao médico e naturalista Simão Pórcio (1496-1554)[168], discípulo nas mesmas matérias de Pomponazzi e de Nifo; do notável lógico e naturalista Jacopo Zabarella (1533-1589)[169]; e, naturalmente, do celebérrimo autor do polémico *De immortalitate animae*, Pietro Pomponazzi (1462-1525)[170]. Quanto às datas, são elas: 1513, quando o V° Concílio de Latrão obriga à defesa filosófica da imortalidade; e 1516, o ano que vê precisamente a publicação da famigerada obra de Pomponazzi que negava de um ponto de vista filosófico tal possibilidade. O imperativo lateranense, de grande relevo nas Espanhas, tal como pressentira há mais de um século E. Renan, não originou só o *Tractatus celeberrima controversia de animorum nostrorum immortalitate* de Pedro Martínez (1575)[171]. Ele foi também acolhido pelo jesuíta romano Francisco de Toledo e pelos Jesuítas de Coimbra explicitamente[172], tal como sobre o mesmo assunto hesitou Suárez quando em 1572 ainda defende que o tratamento da separação da alma compete à esfera da teologia[173], mas na revisão

---

[168] Cf. Cf. S. Porzio, *De Humana Mente*, Firenze, 1551.

[169] Cf. J. Zabarella, *Commentarii in tres libros de Anima*, Frankfurt am Main 1606 (rep. ibidem 1963).

[170] Cf. Pietro Pomponazzi, *Trattato sull'immortalità dell'anima*. A cura di Vittoria Perrone Compagni, Firenze 1999; vd. também vd. José Manuel García Valverde, «El intelecto agente en Pietro Pomponazzi: un análisis de su presencia en el 'Tractatus de immortalitate animae' y en la 'Apologia'» *Anuario Filosófico* 45 (2012), pp. 545-566; P.J.J.M. Bakker, «Natural Philosophy, Metaphysics, or Something in Between? Agostino Nifo, Pietro Pomponazzi, and Marcantonio Genua on the Nature and Place of the Science of the Soul», in P.J.J.M. Bakker & J.M.M.H. Thijssen (eds), *Mind, Cognition and Representation. The Tradition of Commentaries on Aristotle's 'De Anima'*, Aldershot Burlington, 2007, pp. 151-177.

[171] L. Bianchi, *Pour une histoire de la 'double vérité'*, Paris, 2008, p. 139.

[172] Cf. F. Toledo, *Commentaria... in Aristotelis Libros de Anima* III c. 5, q. 16, f. 148v-156r.

[173] F. Suárez, *Commentaria...* Prooemium p.2: "... illius enim consideratio [sc.: animae separatae] valde theologica est, multumque naturalem scientiam transcendit, et in hac scientia commodiore locum non habet..."; vd. D. Des Chene, *Life's Form. Late Aristotelian Conceptions of the Soul*, Cornell University Press, Ithaca London 2000, p. 19.

do texto atribui essa tarefa à metafísica[174]. Comparadas com idêntico programa dos seus irmãos conimbricenses há duas particularidades interessantes no trabalho de Suárez. A primeira, o facto de este admitir explicitamente, coisa que jamais sucede em Coimbra – por influência de Fonseca?[175] –, que Aristóteles deu início ao seu próprio tratado da alma separada no livro XII da *Metafísica,* mas que o não acabou ou que o mesmo não chegou até nós. A segunda, esta partilhada também com os padres coimbrões – mas vulgaríssima –, que uma tal discussão tem um duplo pendor: físico (enquanto a alma é "forma corporis") e metafísico (entendida como "entitas spiritualis independens in esse a materia, intelligens et volens") [176]. Ora, se for certo que Suárez remete esta "tendência (...) de raiz platónico-augustinista" ou tónica espiritualizante para o *Liber de Anima* de Avicena – no sentido em que se vê "a alma não apenas como um princípio informativo, mas também dinâmico..."[177] –, em Coimbra a mesma tónica não parece assumir quaisquer contornos avicenistas, mas mais vincadamente perfis platónicos e augustinistas num esforço para ler o criacionismo, heterodoxamente embora, na tradição peripatético-tomista.

---

[174] F. Suárez, *Commentaria...* Prooemium p. 34, n.23: "... de statu illius [sc.: animae] extra corpus, ut de modo essendi et cognsocendi quam tunc habet, magis pertinet ad metaphysicum."; veja-se ainda P. da Fonseca, *Commentariorum...* I, I, IV, c. 1, q. 1, col. 648-49: "... cum sit abstracta re ipsa, non autem ratione (neque enim sine essentiali propensione ad materiam intelligi potest) aliam postulat scientiam a praedictis quatuor et mediam inter eas ac Physicam."; F. Suárez, *Disputaciones...* I s. 2, § 20 ed. Romeo, p. 249; F. de Toledo, *In Aristotelis libros de Anima,* quaestiones prooemiales q. 2 (ed. G. Olms, Hildesheim 1985, III, pp. 3-4).

[175] A pergunta acima justifica-se com naturalidade se tomarmos em consideração as interessantes sugestões de leitura de A. Martins, "A metafísica inacabada de Fonseca" *Revista Portuguesa de Filosofia* 47 (1991), pp. 526-27.

[176] F. Suárez, *Commentaria...*Prooemium pp. 18-20, nn 11 e 12: "... absolute dicendum esse considerationem animae rationalis pertinere ad Physicam"; Id., *ibid.* p. 26, n. 16: "Est ergo de consideratione Physicae anima rationalis cum omnibus proprietatibus suis simpliciter, Metaphysicae vero secundum quid..."

[177] S. Castellote, «Introducción», p. LXXI, e *passim* para a "antropologia suareziana". Cf. G. Verbeke, «Le 'De Anima' d'Avicenne. Une conception spiritualiste de l'Homme», in *Avicenna Latinus. Liber de Anima seu Sextus de Naturalibus IV-V,* ed. S. van Riet, Louvain – Leiden, 1968, mormente pp. 20*-36*.

Embora o celebérrimo e polémico tratado do paduano Pomponazzi seja citado uma única vez no *Tratado da Alma Separada*, temos indícios mais do que suficientes para pensar que o apêndice, e numa parte também o *Comentário ao 'De Anima'* de Góis se inscreviam no quadro da polémica renascentista[178]. O *Tratado da Alma Separada* busca enfrentar a situação dos desafios da nova antropologia e tem relativamente a ela uma posição própria, também de natureza espiritualista como era timbre da época.

A negação da imortalidade da alma levada a cabo por Pomponazzi procurava enfrentar uma dificuldade sensível da antropologia tomista que via o homem como "medieumque inter mortalia et immortalia". Na sua letra a posição dos jesuítas conimbricenses não parece distanciar-se muito da visão do século XIII, mas temos agora de a ler a contraluz, no fundo de um quadro em que a solução de Pomponazzi, assentando embora na radicalização da filosofia natural[179], promovia uma cisão epistemológica, qual a de entregar a decisão sobre a imortalidade para a teologia[180]. A proximidade com Lutero era flagrante. Discutindo-se, de maneira muito acesa, ora a negação pura e simples da imortalidade – além de Pomponazzi temos como protagonistas Alexandre[181], Buridano, Marsilio de Inghen, Nicolau de Amesterdão e Blasio de Parma –, ora apenas imortalidade pessoal – e aqui caberia referir pelo menos Averróis, Jandun, Paulo de Veneza, Achillini,

---

[178] Cf. J. Benigno Zilli, *Introducción a la Psicologia de los Conimbricenses y su influjo en el sistema cartesiano*, Xalapa, 1960, pp. 70-77.

[179] Cf. B. Copenhaver & Ch.B. Schmitt, *Renaissance Philosophy*, Oxford, New York 2002, p. 105. Explicitemos: na condição de na "filosofia natural" incluirmos as teses psicológicas e epistemológicas do 'De Anima' e, por extensão, as consequências metafísicas, éticas e teológicas da mesma obra no quadro do cristianismo. Cf. Pietro Pomponazzi, *Trattato sull'immortalità dell'anima*. A cura di Vittoria Perrone Compagni, Firenze, 1999.

[180] S. Salatowski, *'De Anima' Die Rezeption der aristotelischen Psychologie im 16. und 17. Jahrhundert*, Amsterdam Philadelphia 2006, p. 257.

[181] A tradução do *De Anima* de Alexandre feita por Girolamo Donato (Brescia 1495) teve grande impacto em Pomponazzi (vd. E.P. Mahoney, «Aristotle and Some Late Medieval and Renaissance Philosophers», in R. Pozzo (ed.), *The Impact of Aristotelianism on Modern Philosophy*, Washington D.C. 2004, p. 9).

Vernia, e Nifo nos seus escritos de juventude – fácil era perceber que a necessidade de contrariar uma discussão aparentemente tão anticristã devia levar a uma solução alternativa a estes aristotélicos mais ou menos radicais. Foi seguramente por isso que Marsilio Ficino (1433-1499) ergueu o neoplatonismo como bandeira contra estes dois grupos, autêntico pretexto para sublinhar o acordo alternativo entre platonismo e fé cristã. E pela mesma tónica alinhou também o erudito cardeal Basílio Bessarion (1403-1472) cujo *Contra calumniatorem Platonis* é aliás citado no *Tratado da Alma Separada*[182].

Para o reforço do platonismo há de concorrer ainda a redescoberta de Temístio[183] e de Simplício[184], ou seja, a ideia de uma "psicologia" como *scientia media et mathematica*, ou também de uma *scientia animastica* como preferia dizer o professor de Zabarella, Marcantonio Genua (1491-1563)[185]. Uma interessante faceta desta discussão é de cariz epistemológico, relativa ao lugar da psicologia, *scientia media* entre a física e a metafísica, ou mesmo da sua eventual autonomização. Mas a difícil posição de Genua nesta última formulação – mediante a atribuição de um papel cosmológico ao intelecto "propter unionem universi (...) quod in ordine entium intellectus humanus tenet locum medium..."[186] – fez com que um dos seus discípulos mais famosos,

---

[182] Bessarion, *In calumniatorem Platonis libri V.* ed L. Mohler, in Id., *Kardinal Bessarion als Theolog, Humanist und Staatsman*, Paderborn 1927 (rep. anast.: Aalen 1967). O "caluniador de Platão" é, recordemos, o bizantino Jorge de Trebizonda que insistia na superioridade de Aristóteles sobre Platão.

[183] *Themistii libri paraphraseos*. Interprete Hermolao Bárbaro, Veneza 1499 (ed. C. Lohr, Frankfurt am Main, 1978).

[184] Simplicius, *In libros Aristotelis de anima commentaria*. Ed. Michael Hayduck, Berlim 1882.

[185] Agostinho Nifo e Marcantonio Genua que a colocavam como *scientia media* entre a física e a metafísica. De notar que esta posição não pode ser confundida com a de Averróis ou a de Tomás de Aquino para quem essa ciência era em parte física, em parte metafísica. A tese da ciência média é interessante porque contribui para a autonomização da psicologia, embora tal tivesse sucedido com atribulações (cf. M. Lamana, «On the Early History of Psychology» *Revista Filosófica de Coimbra* 19 (2010), pp. 291-314).

[186] Marcantonio Genua, *Lectiones in primum De Anima*, fol. 4va; apud, P.J.J.M. Bakker, «Natural Philosophy...» nota 48.

o citado Zabarella, não hesitasse em voltar à ideia – decerto mais consentânea com o aristotelismo – de associar a psicologia à filosofia natural. É este o motivo que vamos reencontrar em Francisco de Toledo e nos Jesuítas Conimbricenses, além de Suárez como dissemos já.

Mas toda esta discussão estava longe de ser clara. Não deveria ser a mesma coisa defender-se, na linha de Tomás de Aquino, estar-se perante uma ciência em parte física, em parte metafísica, ou, como o médico luterano Johann Ludwig Hawenreuther (1548-1618), entre a física e a metafísica[187]. Invoca-se aqui a posição de um reformador porque, como se sabe, se a posição de Lutero havia sido, nos anos 30 (*Adnotationes in Ecclesiam*, 1532), a de negar a competência da filosofia para o estudo da alma, o seu discípulo Melanchton há de contrariá-lo – o *De Anima* foi objeto da sua atenção entre 1540 e 1575 – sem que se deva desprezar aí, quer alguma influência da teologia católica, quer, evidentemente, das obras paduanas de Nifo (também citado no *Tratado da Alma Separada*) ou de Zabarella[188].

Como não podia deixar de ser em se tratando de um apêndice editorial, Baltasar Álvares aborda o problema da imortalidade no quadro da obra de Manuel de Góis, e nomeadamente do seu Proémio geral. Considerando o horizonte totalizante (*universam philosophiam*) da *animae meditatio* Góis apresentara-a como um trabalho intermédio, de fronteira entre a eternidade e o tempo[189]. Eis-nos com uma formulação afim à do Aquinate, acolhendo embora a leitura de Santo Agostinho e uma assaz complexa tradição não-aristotélica. Tenha-se presente, v.g., que, como Alexandre e Zabarella, também Góis cita nesta ocasião o Oráculo de Delfos[190], no tom neoplatonizante já

---

[187] L. Hawenreuther, *Commentarii in Aristotelis philosophorum principis de Anima, & Parva Naturalia dictos libros*, Francoforti, 1605.

[188] Cf. M. Lamanna, «On the Early History of Psychology» p. 298, pp. 307-308; veja-se também S. Salatowski, *De Anima...*, p. 383sg

[189] Cf. Anprp2.

[190] Cf. S. Salatowsky, *De Anima...*, p. 151.

empregado na *Physica*, ao apelar explicitamente e de uma maneira sincrética para o *Asclépio* de Hermes Trismegisto, para o *Liber de Causis*, ao mesmo tempo que recomenda a leitura de Ficino, de Bessarion e de Pico, juntamente com Tomás[191]. No *De Anima* deve atentar-se no uso explícito do célebre mote dos *Solilóquios*, acrescido da chave pseudo-areopagítica que requisita ontologicamente a consideração da própria hierarquia. É assim que o estudo da alma se apresenta como uma *totius mundi summa*; entendamo-nos: ou uma ciência compendiosa da totalidade ou uma ciência suprema, de fronteira. Quer interpretemos esta expressão latina num ou noutro sentido, a *scientia de anima* culmina inevitavelmente na separação metafísica. Para lá chegarmos, ou seja, para reforçarmos a nossa ideia interpretativa, apesar de tudo cautelosa, segundo a qual a metafísica do conhecimento, num sentido forte de separação, poderia ter como consequência a aceleração do tema e do problema do conhecimento, temos de abordar a problemática em causa sob os prismas ontológico e epistemológico. Isto obriga-nos a regressarmos a Aristóteles, que é afinal o "maître à penser" em Coimbra, tal como em qualquer parte da Europa onde houvesse uma Universidade.

3. O que Aristóteles tem que ver com a separação?

Ponto conspícuo é o de que a separação em causa se exprime fundamentalmente num motivo teológico e criacionista ao serviço da leitura de Aristóteles. Esta combinação de filosofia e teologia ou dogmática vê-se no entanto a si mesma, em primeiro lugar, como um trabalho de filosofia. A imposição lateranense fazia sentir todo o seu peso e seria duradoira, como ainda o há de revelar Descartes[192].

---

[191] PhIc9q12a7p.211.
[192] Vd. *infra* nota 206.

Concluindo ser evidente a persistência da alma racional após a morte[193], depois de sublinhar a importância da discussão filosófica sobre a imortalidade, e antes mesmo de comprovar aquela conclusão, quer de um ponto de vista racional, quer do ponto de vista da autoridade da fé, Baltasar Álvares esforça-se por demonstrar que Aristóteles partilharia da mesma convicção. Como o faz? Ou melhor: como o quis fazer? Como sempre se fizera em Coimbra, i.e., como filólogo e como exegeta[194]. Simplesmente há nesse gesto um patente constrangimento, o de interpretar a opinião do Filósofo sobre a imortalidade da alma intelectiva (mens/ animum humanum) – quem, lembram os Jesuítas acompanhando Nifo, apesar de tudo teve muitas hesitações[195] – como uma consequência necessária da criação divina, e ainda por cima num indisfarçável e nunca problematizado contexto neoplatónico. Não é só o argumento de Aristóteles do *De Generatione animalium* que os nossos autores citam em grego com mais agrado, e que a seguir voltaremos, interpretado no sentido de uma origem exterior (*thyraten*) divina (*theíon*) para o espírito humano (*noun*)[196]; também Galeno e Platão são convocados no combate em prol da imortalidade da alma. Assim, se o primeiro, como se reconhece também

---

[193] Asd2a1p470: "...liquido constat, eam [sc. animam rationalem] post totius compositi dissolutionem in rerum natura persistere."

[194] Cf. M.S. de Carvalho, "Linguagem e Mundo. Latim Filosófico e Identificação Europeia", in Nair Castro Soares et al. (coord.), *Latineuropa. Latim e Cultura Neolatina no processo da identidade europeia*, Coimbra 2008, pp. 146-48.

[195] Asd1a2p446: «... quibus verbis significat Aristoteles animum humanum non educi e gremio materiae, sed divinitus creari, atque adeo immortalem esse.»

[196] Asd1a2p445; também Asd1a5p461; Aristóteles, *De Generatione animalium* II 3, 736b 26-30: "Leípetai dè tòn noun mónon thyrathen epeisiénai kaì theîon einai mónon: outhèn gàr autou te energeía koinonei somatikè enérgeia." Note-se como v.g. a tradução francesa de P. Louis (Paris 1961) revela uma flagrante afinidade com a tradução conimbricense: "Restat igitur ut mens sola extrinsecus accedat, eaque sola divina sit; nihil enim cum eius actione communicat actio corporalis" – "Reste donc que l'intellect seul vienne du dehors et que seul il soit divin; car une activité corporelle n'a rien de commun avec son activité à lui". Já quanto à tradução inglesa mais corrente (A. Platt, in *The Complete Works of Aristotle*. Ed. by J. Barnes, Princeton 1995): "It remains, then, for the reason alone so to enter and alone to be divine, for no bodily activity has any connexion with the activity of reason".

– tenhamos presente que medicamente o século XVI é a centúria de Galeno – permaneceu "naturalmente" em dúvida[197], explicitamente se declara que Platão (*Timeu, Filebo, Ménon* e *República*) foi "acerrimus animorum immortalitatis propugnator et vindex"[198]. Depois, e numa observação sobre o nível da exegese praticado na obra, a leitura como "restat igitur" dos semas gregos "leípetai de" da notável passagem de *De Generatione animalium* sobre a psicogénese é interpretada no *Tratado da Alma Separada* como conclusiva, nisso se distinguindo os nossos autores dos naturalistas, mormente Pórcio, que frente à mesma passagem preferia uma interpretação mais sensível à incerteza e ao tom de pesquisa dessas páginas de Aristóteles[199]. Facto literário assinalável, embora repetido: será Agostinho o operador da passagem da espiritualidade à imortalidade, não apenas no seu *de immortalitate animae*, mas tendo também presente o tema da "inquietude" humana (*Conf.* I), ambas as alusões articuladas com o diálogo de Platão sobre a imortalidade da alma (*Fédon*)[200].

Somos depois tocados pela particular tónica na pretensa *racionalidade* da prova (*naturali ratione*) da imortalidade da alma[201]. Sabemos como Caetano (1468-1534) – teólogo citado mais de vinte vezes no *Tratado da Alma Separada* – chegou a duvidar dessa estratégia teórica[202] e já lembrámos as primeiras hesitações de Suárez e a taxativa intervenção de Lutero. A prova coimbrã assenta na particularidade "ab-soluta" desse *subjectum-* ou *suppositum*-alma, uma "simplex entitas", também extremada pelo extrinsecismo da Criação[203], "vinda

---

[197] Asd1a5p443.

[198] Asd1a1p443

[199] Cf. a propósito S. Salatowsky, *De Anima...*, pp. 200-01.

[200] Cf. Asd1a3p449-51. Ibidem. 450: "Unde ad alia semper mens anhelat, siquod forte inveniat obiectum, in quo quiescat..."

[201] Cf. Asd1a3p447.

[202] Caietanus, *Commentaria in De Anima Aristotelis*, in *Scripta philosophica* I-II [1469], ed. I. Coquelle, Roma 1938-39; III, ed. G. Picard – G. Pelleand, Bruges 1965,

[203] Cf. Asd1a3p449.

de fora" (*extrinsecus adveniens*)[204] – alusão bíblica esta colacionada aproblematicamente com a mencionada passagem de *De Generatione animalium* II 3 (736b27-29). O que se diz claramente é que Aristóteles escorou a espiritualidade (*divinitus creari/immortalem esse*) da alma na tese de que ela não era material (*non educi a gremio materiae*), o que alegadamente é o mesmo que sustentar, como no *Génesis* (2, 7), que "o Senhor Deus formou o Homem da terra e insuflou-lhe na face o espírito da vida (*spiraculum vitae*), criando-o como ser vivente (*animam viventem*)". Se tivermos presente outras passagens do *Tratado da Alma Separada*, sabemos que mais citações de Aristóteles ajudariam a confirmar não estar em discussão o estatuto "separado" do intelecto, i.e., de um problema antes de mais epistemológico, mas o próprio estatuto da subjetividade ou do sujeito. Pense-se sobretudo em *De Anima*: 408b 18-29, lido no sentido de que o nosso intelecto é "divino, incorruptível e isento de passibilidade"[205]. Não será por acaso, atrevemo-nos a pensar, que o lugar comum conimbricense dos *Solilóquios*, de que Descartes também se serve para justificar filosoficamente as suas *Meditações* (1641)[206], é recorrente operador textual.

4. A separação do conhecimento

No que se segue, e para acabar, pressupor-se-á poder interpretar-se o tipo de conhecimento que a alma separada detém no quadro

---

[204] Asd1a5p461.

[205] Asd1a2p503 (cf. 1. de anima cap 4, text 65 e 66). Podemos coligir algumas daquelas passagens: 413 a6 sg, no sentido da admissão da separabilidade de alguma faculdade (Asd1a2p503; cf 2 de anima lib cap 1 t. 11), 430 a22 sg, no sentido da distinção, perpetuidade e separação do intelecto (Asd1a2p503; cf. cap 2 text 21).

[206] Cf. R. Descartes, AT VII, 1, 7-2,4 (trad. G. de Fraga, *Meditações sobre a Filosofia Primeira*,Coimbra 1988, 83); Agostinho, *Sol*. I 2, 7. Pode lembrar-se que na mesma ocasião Descartes lembra Latrão V, tal como o haviam feito F. de Toledo ou M. de Góis (vd. trad. G. Fraga, 85).

do problema que aqui resolvi tratar, ou seja, no sentido do genitivo objetivo da separação do conhecimento.

Além do estudo do *ser* da alma separada, o *Tratado da Alma Separada* também se ocupa obviamente com o modo de *conhecimento* que lhe compete. Dada a separação ontológica, podemos abordar o problema epistemológico resultante daquela separação, ou seja, tratar apartadamente ou autonomizar a própria gnoseologia. Como vimos, tudo se funda no facto de se considerar que a separação do corpo torna o intelecto mais expedito, perspicaz – e já agora também a vontade muito mais ardente e a potência motora mais evidente – adquirindo as duas componentes do intelecto um outro modo de se aplicarem aos objetos externos e às suas imagens[207]. Insistimos: estamos em pleno elogio do conhecimento enquanto atividade espiritual e esse elogio é indissociável do motivo da separação. Ela continua a ser preternatural, evidentemente[208]. Mais ainda, nunca se perde de vista o horizonte revelado da Ressurreição. Contudo, e depois de tudo o que propusemos, este ponto não nos deve impedir de ver que, sendo o intelecto a única capacidade cognitiva (*potentiae cognoscentes*) que acompanha a alma com a morte do corpo (*a corpore abeuntem*)[209], algo de novo parece estar a passar-se: do conhecimento como separação, sobretudo do horizonte e do fundamento espiritual associados à

---

[207] Asd3a5p500: «Pars intellectiva per separationem a corpore operationes *nihilo deteriores, sed absolutiores exercet*; sic enim possibilis intellectus multo expeditius, perspicatiusque operatur; voluntas multo amat ardentius, imo et potentia motrix, quae in corpore torpebat, se se exerit; igitur et intellectus agens, quantumvis absint phantasmata, modum alium operandi sortietur, applicatione videlicet ad externa obiecta, aut eorum imagines». (O sublinhado é meu). Cf. M.S. de Carvalho, «A doutrina do intelecto agente no Comentário ao 'De Anima' do Colégio Jesuíta de Coimbra» in J. Fernando Sellés (ed.), *El Intelecto Agente en la Escolástica Renacentista*, Pamplona, 2006, pp. 155-183.

[208] Cf. Asd2a2p477.

[209] Cf. Asd3a1p486. Para o problema e posição de Tomás de Aquino sobre a matéria, vd. em português, Luís Alberto de Boni, "Intelecto e Homem – A antropologia cristã de Tomás de Aquino", in Mª C. Pacheco & J.F. Meirinhos (eds.), *Intellect et imagination dans la Philosophie Médiévale. Actes du XIe. Congrès International de Philosophie Médiévale de la S.I.E.P.M.*, Porto, 2006, pp. 276-285.

abstração, toca-se agora na separação do conhecimento, enquanto conhecimento certo e evidente.

Além de retomar, quer o que Góis havia escrito (sobretudo no *De Anima*[210], mas também na *Physica*[211] e em *De Generatione et Corruptione*[212]), quer uma alegada passagem da *Hierarquia Celeste*[213], Baltasar Álvares recupera a espiritualidade do ato de pensar (*actus intelligendi*) num argumento de recorte tomasino, *anima rationalis est substantia per se subsistens et spirituale*[214]. O ponto surge-nos sob dois prismas, o do objeto, mediante a figura aristotélica da abstração, e o do sujeito (*acumine humanae cognitionis*), para o que se ressalta que a subtileza e a sagacidade do conhecimento da alma consiste em penetrar na natureza e na essência das coisas[215]. Conquanto a espiritualidade da alma assente no facto de ela superar a natureza da matéria[216], tanto quanto o elogio da abstração o que se sublinha

---

[210] AnIIc1q2,a1-2p47-53: «Sitne anima quidpiam subsistens an non». No segundo artigo interpreta-se a subsistência da alma racional como independência da matéria e o seu estatuto como criada por Deus; depois alude-se já no tema da alma separada, dizendo-se ser provável que o intelecto contemple sem a operação da fantasia, e sobretudo porque o não faz mesmo quando separada; por fim lê-se também que o seu modo de inteligir é mais elevado quando separada do corpo.

[211] PhIc9q9a1p189-91: «Num in qualibet re naturali praeter materiam danda sit forma substantialis, nec non?» Nesta passagem não só se lê que se deve a Aristóteles a defesa da forma substancial como ela é exigida pelo facto de a matéria, não sendo efetivadora, não poder fazer v.g. com o que o homem pense ou o fogo aqueça.

[212] GcIc4q8a1p80-82: «Deturne substantialis generatio an non»; GcIc4q21a1-2p152-58: «Utrum in homine plures insint animae, an una tantum.» Aqui há de mesmo ler-se (p. 153) que Aristóteles, Averróis e Tomás de Aquino é que interpretaram corretamente Platão quanto ao estatuto da alma divinamente criada.

[213] Dionísio Areopagita, *Hier. Cael.* II: «operatio cognitionem potentiae operantis sequitur, potentia vero, naturam, hoc est, substantiam unde effluxit»; cf. E. Gilson, *Index...*, p. 141.

[214] Asd1a3p447: «a alma racional é uma substância subsistente por si e espiritual»; GcIc4q15a1p103.

[215] Asd1a3p447-8: «...humana cognitio est subtilius, ut ad intimas etiam rerum quidditates penetrat aut penetrare contendat, adeo sagax ut quaecunque sunt re ipsa coniuncta discernat, diiudicetque quidnam ad earum pertineat essentiam...»

[216] Asd1a3p448: «Cum igitur tot, tamque nobiles existant cognitionis humanae conditiones, negari non potest illam supra materiae naturam eminere, proindeque spiritualem esse...»

agora é a capacidade da alma para atingir em si mesma um conhecimento certo e evidente do objeto (*quam certo, quam evidenter obiectum attigerit*). A descoberta da evidência, "perfectissima reflexio"[217], adjetiva a alma e caracteriza o conhecimento que ela passa a deter, marcando como ela se distingue das demais realidades (*ut se ipsam a quacumque re alia, atque ab obiecto distinguat*).

Que se trata de um conhecimento respeitante à existência confirma-o o facto de, com a separação, irem as espécies e os hábitos da alma durante o seu estado de ligação ao corpo, quer os do intelecto, quer os da vontade[218]. Enumeremos o que gostaríamos de ver sublinhado. A alma separada (i) tem o poder de conhecer (*cognoscere valet*) todos os sensíveis[219], afirmação fundada – repetimos – na presunção de que quanto maior for o modo de ser da alma maior é a sua perspicácia cognitiva[220]. Mas ela pode também (ii) conhecer-se distintamente (*distincte poteste cognoscere*) quer a si mesma (*se*), bem como aos seus atos internos e potências, quer as outras almas. De novo Agostinho (*de Trin* IX 3) é particularmente convocado neste ponto do conhecimento de si[221], seja (iia) em razão da incorporeidade da inteligência (*mens*); seja (iib) devido à comum e original conaturalidade desse tipo de substâncias; seja (iic) porque conhece as ações do intelecto e da vontade e restantes hábitos; seja (iid) porque capta (*percipiet*) as outras almas com um conhecimento distinto e natural, não por si mesma,

---

[217] Asd1a3p448.

[218] Cf. Asd3a3p492; cf. também Asd2a1p471.

[219] Cf. também Mrc2p5.

[220] Asd5a1p514: «...ut maior est illis ipso essendi modo ita et cognoscendi perspicacia maior erit...» Apesar de tudo, embora a alma separada pense os sensíveis mais distintamente do que ligada ao corpo, ela não chega a eles de um modo mais fácil (Asd5a1p515: «Adde etiam illud tantum continere nostrum pronuntiatum, animam separatam distinctius quam coniunctam intelligere sensibilia, non vero species facilius obtinere...»).

[221] Cf. M.S. de Carvalho, «Imaginação, pensamento e conhecimento de si no Comentário Jesuíta Conimbricense à psicologia de Aristóteles» *Revista Filosófica de Coimbra* 19 (2010), pp. 47-51; cf. também InIc1q1a2p9.

mas pelas substâncias ou pelas espécies dessas outras almas, desde que elas não estejam muito afastadas[222].

Que já não se trata apenas de repetir Tomás de Aquino, apesar da letra, percebe-se v.g. na resolução de um dissídio entre tomistas e escotistas no que respeita a saber se além das espécies que a alma separada leva consigo também alcança outras. Esta é uma primeira ocorrência em torno do que hoje chamaríamos o progresso do/no conhecimento e uma das teses evocadas, precisamente a mais moderna, propende para uma solução que encavalita originariamente teologia e conhecimento. Se os tomistas diziam ser provável que as almas separadas recebiam as espécies infundidas por Deus[223], os escotistas sustentavam antes ser provável chegar a elas por abstração, a partir dos objetos[224]. Agora os Jesuítas conimbricenses agregam uma terceira tese moderna, de fatura augustinista, *ex D. Augustini doctrina*. Isto é interessante, de novo no que concerne à história da filosofia não--aristotélica, talvez, no caso, mais estoica no seu tom: "no princípio do mundo Deus imprimiu os exemplares das coisas nas inteligências separadas" ou "introduziu as espécies nos intelectos separados por uma certa lei natural", não sendo uma ideia desagradável para se filosofar (*neque insuavior est proposita philosophandi ratio*) defender-se que Deus estabeleceu uma *lei natural particular* para concorrer com a que a criatura livre destina[225].

---

[222] Asd5a1p516: «Denique alias animas distincta, naturalique cognitione percipient, non per semet, sed per ipsas earum vel species, vel substantias, si forte indistantes fuerint...»

[223] Asd3a5pp497-9.

[224] Asd3a5p499-500.

[225] Asd3a5pp502-03: «... qui qua ratione dixit initio mundi ita impressisse Deum mentibus separatis rerum exemplaria, pro ut easdem ad existentiam per creationem foras educebat: sic plane dicturus fuisse videtur de reliquis eventis, quae progressu temporis sucederunt, cum aequa sit utriusque ratio. Itaque Deus naturali quadam lege in separatos intellectus species immittit, non solum quoties effectus naturales extra suas causas ponuntur, sed etiam quoties, substantiae ipsae intellectrices altera alteri internas cogitationes volunt aperire. (...) Neque insuavior est proposita philosophandi ratio, quod Deum ponat naturali lege concurrentem ad ea, quae libera

Há outros diálogos críticos ou mais ou menos alusivos com outros autores modernos, ainda que não identificados, para os quais a alma separada enquanto tal, i.e., enquanto separada, detém um modo natural de pensar (*intelligendi modum*)[226]. A alma separada conhece as espécies infusas de modo distinto e conhece as adquiridas de um modo ainda mais distinto (*distinctius*) do que o fazia quando incarnada[227]. Pela simples luz natural o intelecto separado é capaz de conhecimentos distintos porque Deus produz o tipo de espécies que satisfazem essa capacidade[228]. Num paralelismo com os anjos e em diálogo não menos crítico com o ockhamismo insiste-se de novo na ideia de um progresso no conhecimento que se separa; quer dizer: uma alma separada pode sempre exercer algum conhecimento sobre si ou sobre um objeto exterior de modo a alcançar novos conhecimentos, tal como nos acontece incarnadamente – observam – quando avançamos de um conhecimento a outro numa sucessão discursiva[229]. No exame sobre a amplitude do que é conhecido afirma-se, por fim, que (iii) a alma separada pode conhecer naturalmente de uma maneira evidente os possíveis que existem em Deus. Aqui o *Tratado da Alma*

---

destinat creatura. Quandoquidem ut ad deliberandum cum causa secunda lege naturali concurrit, ita ad exequendum deliberata simili lege concurret pro causa secunda, quoties haec deliberationem suam exequi non valuerit. Cur enim Deus concursus omnes, ut causa generalis impendat naturali modo; non autem aliquos ut particularis? Quin vero ita passim accidere non inficiabitur, qui humanas animas ab eodem Deo singulis fere momentis corporibus infundit animadaverterit. Quod si corpora nostra suius dispositionibus, atque organis Deum determinant ad naturalem animarum infusionem, cur non etiam separatae mentes suis voluntatibus illum determinabunt?». Veja-se também PhIIc7q3a1p245; vd. o nosso «Imaginação, pensamento e conhecimento de si...», pp. 46-47.

[226] Asd4a1p505: «Siquis tamen velit nonnullis recentioribus acquiescere, dicat animae separatae, ut sic, seu in sensu composito, idest, quatenus separatae, consentaneum esse, ac naturalem intelligendi modum, quem tunc habet.»

[227] Cf. Asd4a1p510.

[228] Asd4a2p510: «Denique naturale lumen intellectus humani separati capax est cognitionis distinctae, ergo producibiles sunt a Deo species, quibus ea capacitas compleatur...»

[229] Cf. Asd4a1p506.

Separada toca mesmo na origem da possibilidade[230], naquilo que não comporta repugnância lógica (*logica repugnantia*)[231], ressalvado porém o princípio teológico da omnipotência, os "possíveis que em Deus excedem a capacidade da natureza criada", a potência obediencial passiva e a potência ativa extraordinária de Deus[232].

Por último, a separação do conhecimento não deixa de ser apresentada de uma maneira menos incisiva quando se diz que a alma enquanto está no corpo opera como uma parte (*ut quo*), mas que, separada do corpo, cessa essa atuação e ela intervém como um todo (*ut quod*)[233].

5. Aristóteles, a certeza e a distinção.

O "filum doctrinae" que sempre norteou a produção jesuíta exigia que um texto sobre a *metafísica* do conhecimento – o conhecimento das causas para os efeitos – se servisse da dogmática religiosa. Esta é uma afirmação banal. O que pode parecer desconcertante ou inesperado a um olhar menos atento, quer dizer, ignorante do motivo leibniziano da conformidade fé / razão[234], é o modo como se introduz a novidade que denominámos "separação do conhecimento" – como genitivo objetivo, frisamos. Começámos a abordá-la noutra ocasião a respeito do que então considerámos ser um possível antecessor do *cogito*, o *suppositum intelligens*[235], instanciado no momento em que o intelecto, "aquilo pelo qual ... pensamos" (413b12), se vê a si mesmo como uma substância imaterial participante da Razão

---

[230] Asd5a2p518: «Oppones tamen ita: Scire oportet non esse omnem modum impossibilem, ergo sciendum erit aliqum esse possibilem.»

[231] Cf. Asd5a2p518.

[232] Cf. Asd5a2p517-18.

[233] Asd5a1p506: «...post separationem, actualis illa subordinatio animae, ut quo, respectu totius, cessat.»; veja-se porém a precisão de AnIc1q2a2p. 53.

[234] Cf. G.W. Leibniz, *Discours preliminaire de la conformité da la foy avec la raison*, in Id., *Die philosophischen Schriften von G.W. Leibniz*, ed. C.I. Gerhardt Bd. 6, Hildesheim, 1961, p. 49.

[235] M. S. de Carvalho, «Imaginação, pensamento e conhecimento de si...», p. 48.

e da Inteligência[236]; ou nas palavras de Agostinho citadas em Coimbra, "mentem se per seipsam nosse, cum sit incorporea"[237].

No términus deste capítulo cremos ter aduzido elementos suficientes para se poder admitir como possível que qualquer leitor por vir, baseado exclusivamente nestas páginas quinhentistas inseridas num comento a Aristóteles, podia acelerar sem grande dificuldade uma forma nova de entender o conhecimento. Um conhecimento caracterizado pela certeza, pela distinção, decerto não incompatível com o progresso, características estas fundadas na esfera teológica criacionista. Esta novidade vive do tema da separação da alma que pensa assente no princípio da sua espiritualidade, de cunho agustinista. Não saberíamos dizer se teria sido um mesmo ar superficial de família, que serviu ao censor de Paris que apressadamente julgou nada ter entrevisto de novo em Descartes[238], mas uma coisa é agora certa, estamos em crer: graças à candente problemática da imortalidade da alma, a oportunidade de reequacionação do lugar do Homem poderia doravante condicionar uma nova maneira de olhar para o conhecimento. E isso apenas porque este se havia separado, quer dizer, estavam criadas as condições para se admitir "que se conhece melhor o espírito humano do que o corpo"[239].

---

[236] S. Salatowsky, *De Anima*..., p. 249 : «Es kommt bei den Jesuiten zu einer Zusammenführung *des theologischen Geschehens der transzendenten Geistswerdung* (als *pneuma, spiritus*) *in Gott mit dem philosophischen Geschehens des ontologisch-epistemologischen Geistseins* (als *nous, intellectus*) des Menschen gemäß De An. III 4 und 5.» (os sublinhado são do autor); vd. também M.S. de Carvalho, «Tra Fonseca e Suárez...»: «... questo progetto di una metafisica purificata dalla fattualità (*est satis scrire... negative impossibilem non esse omnem modum conveniendi*) sembra voler percorrere una via mai approfondita, i.e., lo stesso terreno di una pneumatologia intesa come ragione (*intellectus*) che puó conoscere contenuti puri pensati, contenuti noematici del pensiero puro di Dio, come quello degli possibili: 'sciendum erit aliquem esse possibilem'.»

[237] Agostinho, *De Trin*. IX 3; vd. M.S. de Carvalho, «Imaginação, pensamento e conhecimento de si...» p. 51

[238] Cf. M.S. de Carvalho, «Prolegómenos para uma remissão do horizonte historial da evidência cartesiana», in *Descartes. Reflexão sobre a Modernidade*. Atas do Colóquio Internacional (Porto 18-20 de novembro de 1996), Coordenação de Mª J. P. Cantista e J. F. Meirinhos, Porto, 1998, pp. 122.

[239] R. Descartes, AT VII: IIª Meditação (trad. G. Fraga, 117).

Bibliografia de Referência

1. Edições originais citadas:

As = *Tractatus de Anima Separata* [Tratado da Alma Separada] in *Commentarii Collegii Conimbricensis Societatis Iesu, In tres libros de Anima Aristotelis Stagiritae* (Coimbra 1598, pp. 441-536).

An = *Commentarii Collegii Conimbricensis Societatis Iesu, In tres libros de Anima Aristotelis Stagiritae* [Comentário aos Três Livros sobre *A Alma*] (Coimbra 1598).

Co = *Commentarii Collegii Conimbricensis Societatis Iesu, In Quatuor libros de Coelo Aristotelis Stagiritae* [Comentário aos Quatro Livros sobre *O Céu*] (Lisboa 1593).

Di = *Commentarii Collegii Conimbricensis e Societate Iesu, In universam Dialecticam Aristotelis Stagiritae* [Comentário a toda a Dialética] (Coimbra 1606).

Et = *In libros Ethicorum Aristotelis ad Nicomachum, aliquot Conimbricensis Cursus Disputationes in quibus praecipua quaedam Ethicae disciplinae capita continentur* [Disputas sobre os Livros da *Ética Nicomaqueia*] (Lisboa 1593).

Gc = *Commentarii Collegii Conimbricensis Societatis Iesu, In duos libros De Generatione et Corruptione Aristotelis Stagiritae* [Comentário aos Dois Livros sobre *A Geração e a Corrupção*] (Coimbra 1597).

Ig = *Commentarii in Isagogem Porphyrii* [Comentário à *Isagoge* de Porfírio], in *Commentarii Collegii Conimbricensis e Societate Iesu, In universam Dialecticam Aristotelis Stagiritae* (Coimbra 1606, pp. 55-225).

In = *In libros Aristotelis de Interpretatione* [Comentário aos Livros sobre *A Interpretação*], in *Commentarii Collegii Conimbricensis e Societate Iesu, In universam Dialecticam Aristotelis Stagiritae* (Coimbra 1606, pp. 1-169).

Me = *Commentarii Collegii Conimbricensis Societatis Iesu, In libros Meteororum Aristotelis Stagiritae* [Comentário aos Livros dos *Meteorológicos*] (Lisboa 1593).

Ph = *Commentarii Collegii Conimbricensis Societatis Iesu, In Octo Libros Physicorum Aristotelis Stagiritae* [Comentário aos Oito Livros da *Física*] (Coimbra 1592).

Qc = *Tractatio aliquot Problematum ad quinque sensus spectantium per totidem sectiones distributa* [Tratado sobre os Problemas Respeitantes aos Cinco Sentidos], in *Commentarii Collegii Conimbricensis Societatis Iesu, In tres libros de Anima Aristotelis Stagiritae* (Coimbra 1598, pp. 533-558).

Qm = *Tractatio aliquot Problematum de rebus ad quatuor mundi elementa pertinentibus in totidem sectiones distributa* [Tratado sobre os Problemas Concernentes aos Quatro

Elementos do Mundo], in *Commentarii Collegii Conimbricensis Societatis Iesu, In Quatuor libros de Coelo Aristotelis Stagiritae* (Lisboa 1593, pp. 405-420).

Re = *In librum de Respiratione* [Comentário ao Livro sobre A Respiração], in *Commentarii Collegii Conimbricensis Societatis Iesu In libros Aristotelis, qui Parva Naturalia appellantur* (Lisboa 1593, pp. 55-67).

Sa = *Commentarii in libros Aristotelis Stagiritae de Posteriore Resolutione* [Comentário aos Livros dos *Segundos Analíticos*], in *Commentarii Collegii Conimbricensis e Societate Iesu, In universam Dialecticam Aristotelis Stagiritae* (Coimbra 1606, pp. 285-524).

2. Traduções Modernas:

Curso Conimbricense I. Pe. Manuel de Góis: Moral a Nicómaco, de Aristóteles. Introdução, estabelecimento do texto e tradução de António Alberto de Andrade, Lisboa 1957.

Cambridge Translations of Renaissance Philosophical Texts. I: Moral Philosophy. Ed. by J. Kraye, Cambridge 1997, 81-87.

The Conimbricenses. Some Questions on Signs. Translated with Introduction and Notes by John P. Doyle, Milwaukee 2001.

Manuel de Góis, S.J. Tratado da Felicidade. Disputa III do 'Comentário aos Livros das Éticas a Nicómaco'. Estudo e Introdução complementar de Mário S. de Carvalho; nova tradução do original latino e notas de F. Medeiros, Lisboa 2009.

Comentários do Colégio Conimbricense da Companhia de Jesus Sobre os Três Livros Da Alma de Aristóteles Estagirita. Tradução do original latino por Maria da Conceição Camps, Lisboa 2010.

Comentários a Aristóteles do Curso Jesuíta Conimbricense (1592-1606). Antologia de Textos. Introdução de *Mário Santiago de Carvalho*; Traduções de *A. Banha de Andrade, Maria da Conceição Camps, Amândio A. Coxito, Paula Barata Dias, Filipa Medeiros e Augusto A. Pascoal*. Editio Altera. LIF – Linguagem, Interpretação e Filosofia. Faculdade de Letras: Coimbra 2011, in: http://www.uc.pt/fluc/lif/comentarios_a_aristoteles1

Sebastião do Couto. Os Sinais. De Signis. Comentários do Colégio Conimbricense, Sobre a Interpretação I, 1 – Commentarii Collegii Conimbricensis, De interpretatione I, 1. Edição bilingue. Fixação do texto latino, introdução e tradução por Amândio Coxito, Porto 2013.

3. Bibliografia sobre o Curso Jesuíta Conimbricense:

ALVES; M. dos S., «Pedro da Fonseca» *Filosofia* 1 /4 (1955) 25-30.

ALVES, M. dos S., «Pedro da Fonseca e o 'Cursus Collegii Conimbricensis'» *Revista Portuguesa de Filosofia* 11/2 (1955) 479-489.

ANDRADE, A.A., «Os 'Conimbricenses'» *Filosofia* 1 /4 (1955) 31-36.

ANDRADE, A.A., «Introdução», in *Curso Conimbricense I. Pe. Manuel de Góis: Moral a Nicómaco, de Aristóteles*. Introdução, estabelecimento do texto e tradução de A. A. de Andrade, Lisboa 1957, pp. XIV-XVII.

ANDRADE, A. A. de, «A Renascença nos Conimbricenses» in Id., *Contributos para a História da Mentalidade Pedagógica Portuguesa*, Lisboa 1982, pp. 61-97

ANDRADE, A.A., *Vernei e a filosofia portuguesa*, Braga 1946.

ANDRADE, A. A. B. de. "Teses fundamentais da Psicologia dos Conimbricenses" *Filosofia* 4 nº 13 (1957): 32-69 agora in Id., *Contributos para a História da Mentalidade Pedagógica Portuguesa*, Lisboa 1982.

ANDRADE, A. A. B. de. "A experiência, madre da Filosofia" *Filosofia* 7 nº 27/28 (1960) 193-199, agora in Id., *Contributos para a História da Mentalidade Pedagógica Portuguesa*, Lisboa 1982.

ARMOGATHE, J.-R. «Les sens: inventaires médiévaux et théorie cartésienne», in J. Biard et R. Rashed (ed.), *Descartes et le Moyen Age*. Actes du colloque organisé à la Sorbonne du 4 au 7 juin 1996, Paris 1997, pp. 174-184.

BARATA-MOURA, J. «Uma nota sobre a 'praxis' em Francisco Suárez», in *Francisco Suárez (1548-1617). Tradição e Modernidade*, Lisboa 1999, pp. 225-237.

BENIGNO ZILLI, J., *Introducción a la Psicologia de los Conimbricenses y su influjo en el sistema cartesiano*, Xalapa 1960.

BLACKWELL, C. & KUSUKAWA, S. (ed.), *Philosophy in the Sixteenth and Seventeenth Centuries. Conversations with Aristotle*, Aldershot 1999.

BRANDÃO, M., *O Colégio das Artes*, 2 vols., Coimbra 1924-33.

BRANDÃO, M. & D'ALMEIDA, M.L., *A Universidade de Coimbra. Esbôço da sua História*, Coimbra 1937.

The Cambridge History of Renaissance Philosophy, edited by Ch. B. Schmitt, Q. Skinner et al., Cambridge New York 1988.

CAMPS, Mª da C., «A problemática do surgimento da vida humana no Comentário Jesuíta Conimbricense ao 'De Anima' de Aristóteles», *Revista Filosófica de Coimbra* 19 (2010), pp. 187-198.

CAMPS, Mª da C. *Do Visível ao Invisível – A teoria da visão no Comentário aos três livros 'Da Alma' do Curso Jesuíta Conimbricense (1598)*. Dissertação de doutoramento em Filosofia apresentada à Faculdade de Letras do Porto, 2012.

CAMPS, Mª da C. «Presenças do Estoicismo no Curso Aristotélico Jesuíta Conimbricense (1592-1606)», *Revista Filosófica de Coimbra* 23 (2014), pp.349-373.

CAROLINO, L.M., *Ciência, Astrologia e Sociedade. A Teoria da Influência celeste em Portugal (1593-1755)*, Lisboa 2003.

CAROLINO, L.M. e CAMENIETZKI, Z. (coord.), *Jesuítas, Ensino e Ciência: Séc. XVI--XVIII*, Casal de Cambra 2005.

CARVALHO, J.de, «Leibniz e a Cultura Portuguesa» in *Joaquim de Carvalho. Obra Completa*. Vol. IV, Lisboa 1983, pp. 347-384.

CARVALHO, J.V.de, «Jesuítas Portugueses com Obras filosóficas impressas nos séculos XVI-XVIII» *Revista Portuguesa de Filosofia* 47 (1991) 651-659.

CARVALHO, M.S. de. *Psicologia e Ética no Curso Jesuíta Conimbricense*, Lisboa 2010.

CARVALHO, M.S. de. "Introdução Geral à Tradução, Apêndices e Bibliografia", in *Comentários do Colégio Conimbricense da Companhia de Jesus Sobre os Três Livros Da Alma de Aristóteles Estagirita*. Tradução do original latino por Maria da Conceição Camps, Lisboa 2010, 7-157.

CARVALHO, M.S. de. "The Concept of Time According to the Coimbra Commentaries", in P. Porro (ed.), *The Medieval Concept of Time. Studies on the Scholastic Debate and Its Reception in Early Modern Philosophy*, Leiden - Boston – Köln 2001, 353-382.

CARVALHO, M.S. de. "Des passions vertueuses ? Sur la réception de la doctrine thomiste des passions à la veille de l'anthropologie moderne", in J.F. Meirinhos (ed.), *Itinéraires de la Raison. Études de philosophie médiévale offertes à Maria Cândida Pacheco*, Louvain-la-Neuve 2005, 379-403.

CARVALHO, M.S. de. "A doutrina do intelecto agente no Comentário ao 'De Anima' do Colégio Jesuíta de Coimbra", in J. Fernando Sellés (ed.), *El Intelecto Agente en la Escolástica Renacentista*, Pamplona 2006, 155-183.

CARVALHO, M.S. de. "The Coimbra Jesuits' Doctrine on Universals (1577-1606)" *Documenti e Studi sulla Tradizione Filosofica Medievale* 18 (2007) 531-543.

CARVALHO, M.S. de "Tra Fonseca e Suárez: una metafisica incompiuta a Coimbra" *Quaestio. Annuario di storia della metafisica* 9 (2009) 41-59.

CARVALHO, M.S.de, *A Síntese Frágil. Uma Introdução à Filosofia (da Patrística aos Conimbricenses)*, Lisboa 2002.

CARVALHO, M.S.de, «Medieval Influences In The Coimbra Commentaries (An Inquiry Into The Foundations of Jesuit Education)» *Patristica et Mediaevalia* 20 (1999), pp. 19-37.

CARVALHO, M.S.de, «Suárez: Tempo e Duração» in *Francisco Suárez (1548-1617). Tradição e Modernidade*. Coordenação de A. Cardoso et al., Lisboa 1999, pp. 65-80.

CARVALHO, M.S.de, «Filosofar na época de Palestrina. Uma introdução à psicologia filosófica dos 'Comentários a Aristóteles' do Colégio das Artes de Coimbra» *Revista Filosófica de Coimbra* 11 (2002) 389-419.

CARVALHO, M.S.de, «http://www.ci.uc.pt/lif/main5.htm. Sobre um Projeto no âmbito da História da Filosofia em Portugal» *Revista Filosófica de Coimbra* 12 (2003) 215-224.

CARVALHO, M.S.de, «Nótulas para o estudo da presença de Aristóteles no Portugal do século XVI» in M.C. de Matos (coord.), *A Apologia do Latim. In honorem Dr. Miguel Pinto de Meneses (1917-2004)*. Vol. I, Lisboa 2005, pp. 283-302.

CARVALHO, M.S.de, «Introdução à leitura do Comentário dos Jesuítas de Coimbra ao 'De Anima' de Aristóteles (mediante o estudo do tema monopsiquista)» in J.L.B. da Luz (org.), *Caminhos do Pensamento. Estudos em Homenagem ao Professor José Enes*, Lisboa 2006, pp. 507-532.

CARVALHO, M.S.de, «Metamorfoses da ética peripatética: estudo de um caso Quinhentista conimbricense: 'As Disputas sobre os Livros da Ética a Nicómaco'» *Revista Filosófica de Coimbra* 14 (2005) 239-274.

CARVALHO, M.S.de, «Tentâmen de sondagem sobre a presença dos platonismos no volume do 'De Anima' do primeiro Curso Jesuíta Conimbricense» in J.A.deC.R.de Souza (coord.), *Idade Média: tempo do Mundo, Tempo dos Homens, Tempo de Deus*, Porto Alegre 2006, pp. 389-98.

CARVALHO, M.S.de, «Intellect et Imagination: la 'scientia de anima' selon les 'Commentaires du Collège des Jésuites de Coimbra'» in Mª C. Pacheco et J.F.

Meirinhos (ed.), *Intellect et imagination dans la Philosophie Médiévale / Intellect and Imagination in Medieval Philosophy / Intelecto e Imaginação na Filosofia Medieval*. Actes du XIe Congrès International de Philosophie Médiévale de la S.I.E.P.M., Turnhout 2006, vol. 1, pp. 119-158.

CARVALHO, M.S.de, «Viver segundo o Espírito: Sobre o tema do Homem superior» *Revista Portuguesa de Filosofia* 64 (2008) 19-51.

CARVALHO, M.S. de, «'Tremendos são os deuses quando aparecem às claras'. Notas sobre a Evidência, *'in memoriam Ferdinandi Gil'*», in AA.VV., *A Razão Apaixonada. Homenagem a Fernando Gil*, Lisboa 2008, 129-142.

CARVALHO, M.S. de, «Aos ombros de Aristóteles (Sobre o não-aristotelismo do primeiro curso aristotélico dos Jesuítas de Coimbra)» *Revista Filosófica de Coimbra* 16 (2007) 291-308.

CARVALHO, M.S. de, "Psicofisiologia ou teologia das paixões", in G. Burlando (ed.), *De las pasiones en la filosofía medieval. Atas del X Congreso Latinoamericano de Filosofia Medieval*, Santiago de Chile – Turnhout, 2009, 391-402.

CARVALHO, M.S. de, «As palavras e as coisas. O tema da causalidade em Portugal (séculos XVI e XVIII)» *Revista Filosófica de Coimbra* 19 (2009) 227-258.

CARVALHO, M.S. de, «A questão do começo do saber numa introdução à Filosofia do século XVI português», in AA.VV., *Razão e Liberdade. Homenagem a Manuel José do Carmo Ferreira*, Lisboa 2010, 993-1009.

CARVALHO, M.S. de, «O Lugar do Homem no Cosmos ou o lugar do cosmos no Homem? O tema da perfeição do universo antes do paradigma do mundo aberto, segundo o comentário dos jesuítas conimbricenses» *Veritas* 54 n. 3 (2009) 142-155. [também in: http://revistaselectronicas.pucrs.br/ojs/index.php/veritas/article/viewFile/6422/4687]

CARVALHO, M.S. de, *Psicologia e Ética no Curso Jesuíta Conimbricense*, Lisboa, 2010; trad. italiana: *Psicologia e Etica nel 'Cursus Conimbricensis'*. Presentazione di Francesco Mattei. Traduzione di Alfredo Gatto, Roma: Anicia, 2015.

CARVALHO, M.S. de, «Imaginação, pensamento e conhecimento de si no Comentário Jesuíta Conimbricense à psicologia de Aristóteles» *Revista Filosófica de Coimbra* 19 (2010) 25-52.

CARVALHO, M.S. de, «Introdução Geral à Tradução, Apêndices e Bibliografia», in *Comentários do Colégio Conimbricense da Companhia de Jesus Sobre os Três Livros Da Alma de Aristóteles Estagirita*. Tradução do original latino por Maria da Conceição Camps, Lisboa, 2010, pp. 7-157.

CARVALHO, M.S. de, «Sulle spalle di Aristotele. Sul non-aristotelismo del primo corso aristotelico dei Gesuiti di Coimbra» *Lo Sguardo. Rivista di Filosofia* 5: 1 (2011) 45-58. [tradução italiana de Jacopo Falà], também em: http://www.losguardo.net/public/archivio/num5/articoli/2011-05.%20Mario_Carvalho_Sulle_spalle_di_Aristotele.pdf

CARVALHO, M.S. de, «Pierre Bayle et la critique d'Averroès à Coimbra. Deux épisodes de l'histoire de la réception d'Averroès» *Revista Filosófica de Coimbra* 22 (2013), 417-432

CARVALHO, M.S. de, «A receção da psicologia aristotélica (séc. XVI) em Roma e em Coimbra» *Revista Filosófica de Coimbra* 23 (2014), 89-111.

CARVALHO, M.S. de, «Between Rome and Coimbra: A Preliminary Survey of two Early Jesuit Psychologies (Benet Perera and the Coimbra Course)», *Quaestio. Annuario di Storia della metafisica* 14 (2014), 91-110.

CARVALHO, M.S. de, «Ensinar Filosofia na Coimbra do Século XVI: o caso dos 'Commentarii Collegii Conimbricensis S.I.' (1592-1606)» *Noctua. International on-line Journal on the History of Philosophy* II: nn. 1-2 (2015), 182-203

CARVALHO, M.S. de & MEDEIROS, F., «Em torno do paradigma da visão no século XVI: luz, visão e cores no Comentário Jesuíta Conimbricense ('De Anima' II 7)» *Revista Filosófica de Coimbra* 18 (2009) 43-70.

CARVALHO, R. de, «A orientação pedagógica da Companhia de Jesus» in ID., *História do Ensino em Portugal. Desde a Fundação da Nacionalidade até fim do Regime de Salazar-Caetano*, Lisboa 1986, pp. 331-358.

CASALINI, C., «Adamo magister. Il canone educativo del Cursus Conimbricensis» *Educazione. Giornale di pedagogia critica*, I, 2 (2012) 21-42.

CASALINI, C., *Aristotele a Coimbra. Il Cursus Conimbricensis e l'educazione nel Collegium Artium*, Roma, 2012.

CODINA, G., «The 'Modus Parisiensis'» in V.J. Duminuco (ed.), *The Jesuit 'Ratio Studiorum': 400th Anniversary Perspetives*, New York 2000, pp. 28-49.

CATARINO, L.M. *Ciência, Astrologia e Sociedade. A teoria da influência celeste em Portugal (1593-1755)*, Lisboa 2003.

COXITO, A.A. *Estudos sobre Filosofia em Portugal no Século XVI*, Lisboa 2005.

COXITO, A.A. "Natureza, Arte, Acaso e Finalidade na 'Física' do Curso Conimbricense" *Revista Filosófica de Coimbra* 12 (2003) 39-68.

COXITO, A. A. "O que significam as palavras? O Curso Conimbricense no contexto da semiótica medieval" *Revista Filosófica de Coimbra* 13 (2004) 31-61.

COXITO, A.A. "Classificação, natureza e objeto das ciências no Curso Conimbricense", in Id., *Estudos Sobre Filosofia em Portugal no Século XVI*, Lisboa 2005, 155-193.

COXITO, A.A., *O Problema dos Universais no Curso Filosófico Conimbricense*. Dissertação de Licenciatura apresentada à Faculdade de Letras da Universidade de Coimbra (pro manuscripto), Coimbra 1962.

COXITO, A.A., «O Problema dos Universais no Curso Filosófico Conimbricense» Separata da *Revista dos Estudos Gerais Universitários de Moçambique*, vol. III, série V, Lourenço Marques 1966.

COXITO, A.A., «Góis (Manuel de)» in *Logos. Enciclopédia Luso-Brasileira de Filosofia*, vol. 2, Lisboa 1990, pp. 873-881.

COXITO, A.A., «A Filosofia no Colégio das Artes» in *História da Universidade em Portugal*. I Volume, tomo II (1537-1771), Coimbra 1997, pp. 735-761.

COXITO, A.A., «A restauração da Escolástica. II: O Curso Conimbricense» in *História do Pensamento Filosófico Português*. Vol. 2, direção de P. Calafate, Lisboa 2001, pp. 503-543.

COXITO, A.A., «Génese e conhecimento dos primeiros princípios. Um confronto do Curso Conimbricense com Aristóteles e S. Tomás» *Revista Filosófica de Coimbra* 12 (2003) 279-303.

COXITO, A.A., «O método em Pedro da Fonseca e no Curso Conimbricense» in D. Ferrer (coord.), *Método e Métodos do Pensamento Filosófico*, Coimbra 2007, pp. 71-78.

DES CHENE, D., *Physiologia. Natural Philosophy in Late Aristotelian and Cartesian Thought*, Ithaca & London 1996.

DES CHENE, D., *Life's Form. Late Aristotelian Conceptions of the Soul*, Ithaca London 2000.

DIAS, A.deP., «A Isagoge de Porfírio na Lógica Conimbricense» *Revista Portuguesa de Filosofia* 20 (1964) 108-130.

DIAS, J.S.da S., «O Cânone filosófico conimbricense (1592-1606)» *Cultura – História e Filosofia* 4 (1985) 257-370.

DIAS, J.S.da S., *Os Descobrimentos e a problemática cultural do século XVI*, Coimbra 1973.

DIAS, J.S.da S., *Portugal e a cultura europeia (séculos XVI a XVIII)*, Coimbra 1953.

DIAS, J.S.da S., *A política cultural da época de D.João III*, Coimbra 1969.

DIAS, J.S.da S., *Correntes de sentimento religioso em Portugal (séculos XVI a XVIII)*, Coimbra 1960.

DINIS, A., «Tradição e transição do 'Curso Conimbricense'» *Revista Portuguesa de Filosofia* 47 (1991) 535-560.

DINIS, A., «O Comentário Conimbricense à Física de Aristóteles (Nos 400 anos da sua primeira edição)» *Brotéria* 134 (1992) 398-406.

DOYLE, J., P. «Collegium Conimbricense», in *Routledge Encyclopedia of Philosophy* 2 (1998) 406-08.

DOYLE, J., «The Conimbricenses on the Semiotic Character of miror images» *The Modern Schoolman* 76 (1998-99) 17-32.

DOYLE, J.P. «Introduction», in *The Conimbricenses. Some Questions on Signs*. Translated with Introduction and Notes by John P. Doyle, Milwaukee 2001, pp. 15-29.

FONSECA, F.T.da, «A Imprensa da Universidade no Período de 1537 a 1772» in Id. et al., *Imprensa da Universidade. Uma História dentro da História*, Coimbra, 2001, pp.7-52.

FONSECA, N. da, «O 'Curso Conimbricense' em Português» *Brotéria* 66 (1958) 320-330.

FUERTES HERREROS, J.L., «La Escolástica del Barroco: presencia del 'Cursus Conimbricensis' en el 'Pharus Scientiarum' (1659) de Sebastián Izquierdo», in Mª C. Pacheco et J. Meirinhos (ed.), *Intellect et imagination dans la Philosophie Médiévale / Intellect and Imagination in Medieval Philosophy / Intelecto e Imaginação na Filosofia Medieval*. Actes du XIe Congrès International de Philosophie Médiévale de la S.I.E.P.M. (Porto, du 26 au 31 août 2002), Turnhout, 2006, pp. 159-200.

GIARD, L. «La constitution du système éducatif jésuite au XVIe siècle» in O. Weijers (ed.), *Vocabulaire des collèges universitaires (XIIIe – XVIe siècles)*, Turnhout 1993, pp. 131-148.

GIARD, L. (ed.), *Les Jésuites à la Renaissance. Système éducatif et production du savoir*, Paris 1995.

GIARD, L. «Sur le cycle des 'artes' à la Renaissance» in O. Weijers & L. Holtz (ed.), *L'enseignement des disciplines à la Faculté des arts (Paris et Oxford XIIIe – XVe siècles)*, Turnhout 1997, pp. 511-538.

GILSON, E. *Index Scolastico-Cartésien*, Paris 1913.

GOMES, J.F., «Introdução» in *Pedro da Fonseca. Instituições Dialéticas. Institutionum Dialecticarum Libri Octo*. Introdução, estabelecimento do texto, tradução e notas de J. F. Gomes, Coimbra 1964, pp. XIX-LXVIII.

GOMES, J.F., «No quarto centenário das Instituições Dialéticas de Pedro da Fonseca» *Revista Portuguesa de Filosofia* 20 (1964) 273-92.

GOMES, J.P., «Os Professores de Filosofia do Colégio das Artes» *Revista Portuguesa de Filosofia* 11/2 (1955) 520-545 [agora in: H Leitão & J. E. Franco (orgs.), *Jesuítas, Ciência e Cultura no Portugal Moderno. Obra seleta de Pe. João Pereira Gomes, S.J.*, Lisboa 2012].

GOMES, J.P., *Os professores de Filosofia do Colégio das Artes (1555-1759)*, Braga 1955 [agora in: H Leitão & J. E. Franco (orgs.), *Jesuítas, Ciência e Cultura no Portugal Moderno. Obra seleta de Pe. João Pereira Gomes, S.J.*, Lisboa 2012].

GOMES, J.P., «Colégio de Jesus» in *Verbo. Enciclopédia Luso-Brasileira de Cultura*, vol. 5, Lisboa s.d. [agora in: H Leitão & J. E. Franco (orgs.), *Jesuítas, Ciência e Cultura no Portugal Moderno. Obra seleta de Pe. João Pereira Gomes, S.J.*, Lisboa 2012].

GOMES, J. P., *Os professores de Filosofia da Universidade de Évora*, 5 vols., Évora 1960-63.

GOMES, J.P. *Jesuítas, Ciência e Cultura no Portugal Moderno. Obra Seleta de Pe. João Pereira Gomes, S.J.*, org. por H. Leitão & J.E. Franco, Lisboa 2012.

GOMES, P., «Conimbricenses» in ID., *Dicionário de Filosofia Portuguesa*, Lisboa 1987, 61-64.

GOMES, P., *Os Conimbricenses*, Lisboa 1992; ²2005.

HATTAB, H., «One Cause or Many? Jesuit Influences on Descartes's Division of Causes» in S.F. Brown (ed.), *Meeting of the Minds.The Relations between Medieval and Classical Modern European Philosophy*, Turnhout 1998, pp. 105-120.

HENRIQUES, M. C. «Descartes e a possibilidade da ética» in Mª.J. Cantista & J.F. Meirinhos (coord.), *Descartes. Reflexão sobre a Modernidade*, Porto 1998, pp. 253-266.

Os Jesuítas e a Ciência (Sécs. XVI-XVIII). Assinalando o 4º Centenário de Giovanni Battista Riccioli, SJ (1598-1671), Braga 1998 (= *Revista Portuguesa de Filosofia* LIV).

KESSLER, E., «The Intellective Soul» in Ch.B. Schmitt & Q. Skinner (ed.), *The Cambridge History of Renaissance Philosophy*, Cambridge 1988, pp. 512-516.

KRAYE, J., «Moral Philosophy» in Ch.B. Schmitt & Q. Skinner (ed.), *The Cambridge History of Renaissance Philosophy*, Cambridge 1988, pp. 303-386.

LÁZARO PULIDO, M. «Presencia humanista en el 'Cursus Conimbricensis: Disputatio de Risu' (*De Anima* III, Q. XIII, A. VI)», *Revista Filosófica de Coimbra* 20 (2011), pp. 413-438.

LAVAJO, J.C., «Molina e a Universidade de Évora» in I. Borges-Duarte (org.), *Luís de Molina regressa a Évora*, Évora 1998, pp. 99-122.

LEIJENHORST, C., *The Mechanisation of Aristotelianism. The Late Aristotelian Setting of Thomas Hobbes' Natural Philosophy*, Leiden – Boston – Köln 2002.

LINES, D.A., *Aristotle's 'Ethics' in the Italian Renaissance (ca. 1300-1650). The Universities and the Problem of Moral Education*, Leiden Boston 2002, pp. 362-366.

LEITÃO, H & FRANCO, J.E. (orgs.), *Jesuítas, Ciência e Cultura no Portugal Moderno. Obra seleta de Pe. João Pereira Gomes, S.J.*, Lisboa 2012.

LOHR, Ch.H., *Latin Aristotle Commentaries II: Renaissance Authors*, Firenze 1988.

LOHR, C.H., «Jesuit Aristotelianism and the Sixteenth-Century Metaphysics», in H.G. Fletcher III - M.B. Schulte (eds.), *Paradosis: Studies in Memory of Edwin A. Quain*, New York, Fordham University Press, 1976, pp. 203-220.

LUIS ABELLÁN, J., *História crítica del pensamiento español. Tomo II: La Edad de Oro*, Madrid 1979, pp. 587-589.

MARINHEIRO, C.S. «The Conimbricenses: The Last Scholastics, the first Moderns or Something in Between? The Impact of geographical Discoveries on Late 16th Century Jesuit Aristotelianism», in M. Berbara & K.A.E. Enenkel (eds.), *Portuguese Humanism and the Republic of Leters*, Leiden – Boston 2012, pp. 395-424.

MARTINS, A.M., «Conimbricenses» in *Logos. Enciclopédia Luso-Brasileira de Filosofia*, vol. 1, Lisboa 1989, pp. 1112-1126.

MARTINS, A.M., «O Conimbricense Manuel de Góis e a eternidade do mundo» *Revista Portuguesa de Filosofia* 52 (1996) 487-499.

MARTINS, A.M., «Pedro da Fonseca e a receção da 'Metafísica' de Aristóteles na segunda metade do séc. XVI» *Philosophica* 14 (1999) 165-178.

MARTINS, A.M. "The Conimbricenses" in Mª C. Pacheco et J. Meirinhos (eds.), *Intellect et imagination dans la Philosophie Médiévale / Intellect and Imagination in Medieval Philosophy / Intelecto e Imaginação na Filosofia Medieval*. Actes du XIe Congrès International de Philosophie Médiévale de la S.I.E.P.M. (Porto, du 26 au 31 août 2002), Turnhout 2006, 101-117.

MARYKS, R.A., *Saint Cicero and the Jesuits. The Influence of the Liberal Arts on the Adoption of Moral Probabilism*, Aldershot – Burlington 2008.

MASSIMI, M. *Palavras, almas e corpos no Brasil colonial*, São Paulo 2005.

MESNARD, P. «A pedagogia dos jesuítas (1548-1762)», in J. Chateau (dir.), *Os Grandes Pedagogos*, trad., Lisboa s.d., 58-124.

MEYNARD, Thierry. "The First Treatise on the Soul in China and its Sources" *Revista Filosófica de Coimbra* 24 (2015) 203-42.

MIRANDA, M. *Código Pedagógico dos Jesuítas. Ratio Studiorum da Companhia de Jesus (1599). Regime Escolar e Curriculum de Estudos*, Lisboa 2009.

Monumenta Paedagogica Societatis Iesu. I: 1540-1556, ed. L. Lukács, Romae 1965.

Monumenta Paedagogica Societatis Iesu. II: 1557-1572, ed. L. Lukács, Romae 1974.

Monumenta Paedagogica Societatis Iesu. III: 1557-1572, ed. L. Lukács, Romae 1974.

Monumenta Paedagogica Societatis Iesu. IV: 1573-1580, ed. L. Lukács, Romae 1981.

Monumenta Paedagogica Societatis Iesu. V: Ratio atque Institutio Studiorum Societatis Iesu (1586 1591 1599), ed. L. Lukács, Romae 1986.

Monumenta Paedagogica Societatis Iesu. VI: Collectanea de Ratione Studiorum Societatis Iesu (1582-1587), ed. L.Lukács, Romae 1992.

Monumenta Paedagogica Societatis Iesu. VII: Collectanea de Ratione Studiorum Societatis Iesu (1588-1616), ed. L.Lukács, Romae 1992.

MÜLLER, H.J., *Die Lehre vom Verbum Mentis in der spanischen Scholastik. Untersuchungen zur historischen Entwicklung und Verständnis dieser Lehre bei Toletus, den Conimbricensern und Suarez*. Inaugural-Dissertation zur Erlangung des Doktor grades der Philosophischen Fakultät der Westfälischen Wilhelms-Universität zu Münster (pro manuscripto), Münster 1968.

OLIVEIRA, J. Bacelar e, «Filosofia Escolástica e Curso Conimbricense. De uma teoria de Magistério à sua sistematização Metodológica» *Revista Portuguesa de Filosofia* 16 (1960) 124-141.

OLIVEIRA, J. Bacelar e, «Sobre a noção de ciência na Lógica Conimbricense» *Revista Portuguesa de Filosofia* 19 (1963) 278-285.

PACHECO, P.R.A. «Experiência como fator de conhecimento na psicologia-filosófica aristotélico-tomista da Companhia de Jesus (séculos XVI-XVII)», *Memorandum*, 7 (2004), pp. 58-87. Consultado em novembro de 2011, do World Wide Web: http://www.fafich.ufmg.br/~memorandum/artigos07/pacheco01.htm

RANDLES, W.G.L., «Le ciel chez les jésuites espagnols et portugais (1590-1651)» in L. Giard (ed.), *Les jésuites à la Renaissance: Système éducatif et production du savoir*, Paris 1995, pp. 129-144.

RANDLES, W.G.L., *The Unmaking of the medieval Christian Cosmos, 1500-1760*, Aldershot Burlington 2004.

'Ratio Studiorum' da Companhia de Jesus (1559-1999), Braga 1999 (= *Revista Portuguesa de Filosofia* LV).

RISSE, W., «Vorwort» in *Commentarii Collegii Conimbricensis e Societate Jesu In universam dialecticam Aristotelis* [Coloniae 1607], Hildersheim 1976, p. 1-6.

RODRIGUES, F., *História da Companhia de Jesus na Assistência de Portugal*, 2 tomos, 4 vol. Porto 1931-38.

SALATOWSKY, Sascha, *'De Anima'. Die Rezeption der aristotelischen Psychologie im 16. und 17. Jahrhundert*, Amsterdam Philadelphia 2006.

SANDER, C. "Medical Topics in the 'De Anima' Commentary of Coimbra (1598) and the Jesuit's Attitude towards Medicine in Education and Natural Philosophy", *Early Science and Medicine* 19 (2014),76-101.

SANTOS, D.M.Gomes dos, «O Curso Conimbricense. Expressão do Patriotismo Português» *Revista Portuguesa de Filosofia* 11/2 (1955) 458-467.

SANTOS, D.M.Gomes dos, «Francisco Titelmans O.F.M. e as origens do Curso Conimbricense» *Revista Portuguesa de Filosofia* 11/2 (1955) 468-78

SANTOS, D.M., «Para a História da Filosofia Portuguesa no Ultramar. 1. Índia» *Revista Portuguesa de Filosofia* 1 (1945) 176-195.

SANTOS, M.A.Machado, «Apontamentos à margem das Conclusões impressas dos Mestres Jesuítas portugueses de Filosofia» *Revista Portuguesa de Filosofia* 11/2 (1955) 561-67.

SANTOS, Mariana Amélia Machado. «Ensaio de síntese panorâmica da filosofia dos portugueses no século XVI» *Repertorio de História de las ciências eclesiásticas en España* 4 (1972) 261-343.

SCHMITT, Ch. B., *Aristote et la Renaissance*, trad., Paris 1992.

SCHMITT, Ch.B. et al., *The Cambridge History of Renaissance Philosophy*, Cambridge New York 1988.

SILVA, L.C.da, «Os Jesuítas e o Ensino Secundário» *Brotéria* 31 (1940) 476-86.

SILVA, L.C.da, «Originalidade da Escola Conimbricense de Filosofia» *Itinerarium* 6 (1960) 11-18 [vd.também ID., *Ensaios de Filosofia e Cultura Portuguesa*, Braga 1994, 109-115].

SILVA, L.C.da, «O Ensino da Ética na Tradição cultural de Coimbra e Évora» *Brotéria* 54 (1962) 262-69.

SIMMONS, A., «Jesuit Aristotelian Education: The 'De Anima' Commentaries» in J.W. O'Malley et al. (ed.), *The Jesuits. Cultures, Sciences, and the Arts 1540-1773*, Toronto Buffalo London 1999, pp. 522-537.

SIMMONS, A., «The Sensory Act: Descartes and the Jesuits on the Efficient Cause of Sensation», in S.F. Brown (ed.), *Meeting of the Minds.The Relations between Medieval and Classical Modern European Philosophy*, Turnhout 1998, pp. 63-76.

SOARES, T.de S., «O Ensino no Colégio das Artes de Coimbra: 'Os Conimbricenses'» *Revista Portuguesa de Filosofia* 11/2 (1955) 756-68.

SOLÉRE, J.-L., «Descartes et les discussions médiévales sur le temps», J. Biard et R. Rashed (ed.), *Descartes et le Moyen Age*. Actes du colloque organisé à la Sorbonne du 4 au 7 juin 1996, Paris 1997, pp. 329-348.

SOMMERVOGEL, C., *Bibliothèque de la Compagnie de Jésus*, Paris 1891, II, pp. 1273-78.

SPRUIT, L., *Species Intelligibilis: From Perception to Knowledge. II: Renaissance Controversies, Later Scholasticism, and the Elimination of the Intelligible Species in Modern Philosophy*, Leiden New York Köln 1995, pp. 289-293.

STEGMÜLLER, F., «Zur Literargeschichte der Philosophie und Theologie an der Universitäten Évora und Coimbra im XVI. Jahrhundert» *Spanische Forschungen der Goerresgesellschaft* 1. Reihe, Band 3 (1931), pp. 385-438.

STEGMÜLLER, F., *Filosofia e Teologia nas Universidades de Coimbra e Évora no século XVI*, trad., Coimbra 1959.

STONE, M.W.F., «Aristotelianism and Scholasticism in Early Modern Philosophy», in S. Nadler (ed.), *A Companion to Early Modern Philosophy*, Oxford - Victoria 2002, pp. 7-24.

STONE, M.W.F., «Scholastic schools and early modern philosophy», in D. Rutherford (ed.), *The Cambridge Companion to Early Modern Philosophy*, Cambridge 2006, pp. 299-327.

TAVARES, S. «O Colégio das Artes e a Filosofia em Portugal», *Revista Portuguesa de Filosofia* 4 (1948) 227-276.

TEIXEIRA, A.B., «A Filosofia Portuguesa na tempo de Camões» *Philosophica* 14 (1999) 111-131.

TEIXEIRA, A.B., *O pensamento filosófico-jurídico português*, Lisboa 1983.

TRENTMAN, J.A., «Scholasticism in the seventeenth century» in *The Cambridge History of Later Medieval Philosophy from the Rediscovery of Aristotle to the desintegration of Scholasticism 1100-1600*, edited by N. Kretzmann, A. Kenny & J. Pinborg, Cambridge 1984, pp. 818-37.

VELOZO, A.A.R.M., *Sobre a Determinação do início dos 'Tempos Modernos'. A incidência dos Comentários Conimbricenses na obra fisiológica de Descartes*. Trabalho de síntese apresentado à FLUC (pro manuscripto), Coimbra 1984.

WAKÚLENKO, S., «As fontes dos 'Commentarii Collegii Conimbricensis e Societate Iesu in Universam Dialecticam Aristotelis Stagiritae' (Coimbra 1606)» *Philosophica* 26 (2005) 229-262.

WAKÚLENKO, S., «Enciclopedismo e Hipertextualidade nos 'Commentarii Collegii Conimbricensis e Societate Iesu in Universam Dialecticam Aristotelis Stagiritae' (Coimbra 1606)» in O. Pombo e tal. (ed.), *Enciclopédia e Hipertexto*, Lisboa 2006, pp. 302-357.

WAKÚLENKO, S., «Projeção da Filosofia Escolástica Portuguesa na polónia Seiscentista» *Revista Filosófica de Coimbra* 15 (2006) 343-381.

WALLACE, W.A. «Late Sixteenth-Century Portuguese Manuscripts Relating to Galileo's Early Notebooks» *Revista Portuguesa de Filosofia* 51 (1995), reproduzido in ID. *Domingo de Soto and the Early Galileo. Essays on Intellectual History*, Aldershot: Variorum Reprints, 2004, estudo IV.

WARDY, R., *Aristotle in China. Language, Categories and Translation*, Cambridge 2000.

ZHANG, Q., «Translation as Cultural Reform: Jesuit Scholastic Psychology in the Transformation of the Confucian Discourse on Human Nature» in J.W. O'Malley et al. (ed.), *The Jesuits. Cultures, Sciences, and the Arts 1540-1773*, Toronto Buffalo London 1999, pp. 364-379.

ÍNDICE DE REFERÊNCIAS DO CURSO JESUÍTA CONIMBRICENSE[*]

As:
Asd1a2: III n194, n195, n204
Asd1a3: III n199, n200, n202, n213, n214, n215, n216
Asd1a5: III n196, n197; III n203, n195
Asd2a1: III n192, n209
Asd2a2: II n157; III n207, n209
Asd3a1: III n208
Asd3a3: III n217
Asd3a5: III n206, n222, n223, n224
Asd4a1: III n225, n226
Asd4a2: III n227
Asd5a1: III n219, n221, n232
Asd5a2: III n229, n230, n231

An:
Anpr: III n188
Anprqua2: II n99
AnIc1q2a2: III n232
AnIIc1q1a2: II 103
AnIIc2exp: II n145
AnIIc7q2a2: I n23; I n32; II n53
AnIIc7q3a1: I n33-37
AnIIIc13q2a2: II n70
AnIIIc13q1a3: II n137

Co:
CoIc1exp: II n138, n140
CoIc1q1a1: II n103
CoIc1q1a3-5: II n83, n87, n89
CoIc1q1a1: II n89
CoIc1q1a3: II n156
CoIc1q1a4: II n91, n101
CoIc1q1a5: II n94
CoIc1q1a6: II n104, n119
CoIc2exp: II n111
CoIc2q1a3: II n146
CoIc9q2a2: II n89, n101
CoIc9q3a2: II n95
CoIc11q1a3: II n124
CoIc12q1a2: II n123
CoIIc1q2a1: II n158
CoIIc1q2a2p: II n105, II n106
CoIIc1q2a3: II n98
CoIIc1q1a4: II n153
CoIIc1q2a3: II n107
CoIIc3exp: II n116, n128
CoIIc5q1a1: II n117
CoIIc5q2a1: II n131
CoIIc5q3a2: II n151, n152
CoIIc7q5a2: II n115

---

[*] A numeração romana remete para o número dos capítulos; segue-se a indicação do número de nota

CoIIc8q3a3: II n135
CoIIc13exp: II n126
CoIIc14exp: II n129, n130
CoIIc14q1a1: II n130

Di:
Diprq1a1: II n97
Diprq2a2: II n139
Diprq4a1: II n51

Et:
Etd2q2a2: II n125
Etd4q3a4: II n108, n 109, n110

Gc:
GcIc3exp: II n118
GcIc4q4a2: II n149
GcIc4q8a1: III n211
GcIc4q15a1p103: III n213
GcIc4q16a5: II n103, n120
GcIc4q21a1-2: III n211
GcIc4q29a1: II n82
GcIc5q3a3: II n80, n81
GcIc5q4a2: II n100
GcIc9q3a2: II n100
GcIc5q3a1: II n132
GcIIc8q6a2: II n102
GcIIc3q3a1-4: I n22;
GcIIc8q3a2: II n46
GcIIc9exp72: II n82;
GcIIc9exp472: II n82;
GcIIc10exp: II n122
GcIIc11exp: II n90
GcIIc8q3a3: II n134, n136

Ig:
Ipc2exp: II 92

In:
InIc1q1a2: III n220

InIc1q2a2: II n84, n88

Me:
Met3c1: II n52
Met4c3: I n19, n21; II n93

Ph:
Phprq1a3-5: III n162
Phprq2: II n47
Phprq5a4: II n148
PhIc1exp: II n141
PhIc2exp: II n45
PhIc1q4a1: II n99
PhIc2q1a1: II n43
PhIc7exp141: II n82;
PhIc9q9a1: III n210
PhIc9q12a7: III n190
PhIIc1q1a1: II n55, n114
PhIIc1q5a1: II n75, n82
PhIIc1q6a3: II n96
PhIIc1q7a1: II n82;
PhIIc7q3a1: III n224
PhIIc9q1a1: II n112
PhIIc9q1a2: II n63
PhIVc5q3a1: II n82

Qc:
Qcs1: II n121;

Qm:
Qms1: II n127
Qms3: II n154

Re:
Rec6: II n133

Sa:
Sac2q1a4: II n148
Sac23qua1: III n162

ÍNDICES ONOMÁSTICO E ANALÍTICO

Achillini, A.: 64.

Agostinho (S.): 38, 50, 66, 69, 70n, 73, 74, 77.

Aho, T.: 61n.

Alberto Magno: 16, 17.

Alexandre de Afrodísia: 64.

Alfarabi: 15n.

Alhazen: 15n.

Alma: 8, 52, 60, 61, 64, 69, 70, 72, 73. A. separada/separação da A.: 60, 61, 62, 64, 68, 69, 70, 71, 73, 74, 75, 77; ciência da A.: 48, 49, 60, 65, 66, 67.

Almeida, O.T.: 37n.

Álvares, B.: 7, 60, 62, 66, 68, 72.

Alvarez, L.: 32.

Ambrósio de Milão: 52.

Anaxágoras: 49.

Andrade, A. B. de: 37n, 60n.

Aristóteles: 7, 11, 12, 13, 15, 16, 17, 19n, 20n, 26, 28, 31, 34, 37n, 45, 47, 52, 56, 63, 65n, 67, 68, 69, 70, 72n, 76, 77.

Arrais, Fr. A.: 31.

Averróis: 64, 72n.

Avicena: 15, 36, 63.

Baciero, C. y L.: 11n.

Bacon, F.: 56.

Bakker, P.J.J.M: 62n, 65n.

Baldini, U.: 54n.

Baptista, V.: 32.

Barnes, J.: 68n.

Baur, L.: 15n.

Beleza: 8, 9, 31, 40-44, 45, 46, 50, 51, 52, 56, 57.

Benigno Zilli, J.: 64n.

Berbara, M.: 37n, 38n.

Bernardi, A.: 33.

Bernardo, L.M.: 13n, 15n.

Bernini, G.L.: 42.

Bessarion, B.: 65, 67.

Bianchi, L.: 62n.

Blasio de Parma: 64.

Blum, P.R.: 61n.

Boaventura (S.): 45.

Boécio (M. Severino): 36.

Borri, C.: 54.

Boyle, R.: 28n, 34, 49.

Brun, J.: 14n.

Caetano: 69.

Calado, J.: 41n.

Calafate, P.: 35n.

Calcídio: 17n.

Camões, L.V. de: 37.

Camps, Mª da C.: 9, 10, 12n, 14n, 15n, 16n.

Cantista, M.J.: 77n.

Carpentier, A.: 41n.

Carvalho, L. de: 32.

Carvalho, M.S. de: 10, 16n, 36n, 38n, 39n, 40n, 45n, 51n, 55n, 60n, 61n, 68n, 71n, 73n, 76n, 77n.

Casalini, C.: 39n, 40n.

Castelbranco, A. de: 32.

Castellote, S.: 11n, 63n.

Causalidade: 8, 26, 33, 39, 44-47, 49-53, 54, 55, 57.

Cervantes, M. de: 31, 37n.

Ciência: 9, 30, 31, 34, 37, 41, 49, 57; *vd.* Natureza, *vd.* Geometria, *vd.* Alma; *vd.* Perspetiva; *vd.* Física.

Clavius, C.: 54.

Compagni, V.P.: 64n.

Conhecimento: 10, 60, 70, 71, 73, 75, 76, 77; progresso do C.: 74, 75, 77; metafísica do C.: 70-77; *vd.* Cor(es); *vd.* Natureza; *vd.* Alma.

Copenhaver, B.: 64n.

Coquelle, I.: 69n.

Cor(es): 8, 12, 13, 14, 15, 16, 17, 22, 23, 24, 26, 30, 35, 46, 52, 59. C. permanentes ou verdadeiras: 19, 20-23, 24, 25, 27, 28n; C. fictícias, falsas ou aparentes: 17, 18, 19, 20-23, 24, 25, 27, 28n, 30; C. subjetivas e objetivas: 30; C. patológicas: 28, 30; C. físicas: 28, 29; C. químicas: 28, 29; C. fisiológicas: 28, 29, 30; *vd.* Luz, *vd.* Goethe.

Corpo(s): 20, 21, 22, 24, 25, 27, 28, 37, 52, 56, 71, 73, 77; *vd.* Alma; *vd.* Homem.

Cosmos: *vd.* Natureza.

Couto, Sebastião do: 7, 54, 55.

Coxito, A.: 33n, 35n, 37n, 42, 44n.

Criacionismo: 44-45; *vd.* Causalidade.

De Boni, L.A.: 71n.

Demócrito: 14, 49.

Des Chene, D.: 35n, 36n, 62n.

Descartes, R.: 16, 18n, 67, 70, 77.

Deus : 31, 33, 39, 43, 44, 45, 46, 52, 70, 74, 75, 76; *vd.* Teologia; *vd.* Causalidade; vd. Natureza.

Dias, J.S. da S. : 39n.

Dinis, A. : 38n.

Diógenes Laércio : 49n.

Donato, G.: 64n.

Doyle, J.P. : 45.

Eastlake, L. : 28.

Egídio, C : 32.

Ehrard, J. : 34n.

Elliot. J.H. : 38n.

Empédocles : 49.

Enenkel, K.A.E. : 37n, 38n.

Epicuro : 14, 49.

Evidência : *vd.* Conhecimento.

Fernandes, A. : 32.

Fernandes, L. : 32.

Ferreira, M.J. do C. : 40n.

Ficino, M. : 17n, 52, 65, 67.

Filosofia natural : *vd.* Natureza; *vd.* Física.

Fim : *vd.* Causalidade.

Física: 7, 32, 33, 37, 39, 42, 49, 51, 53, 55, 56, 60, 64.

Fonseca, P. da: 39, 45n, 54, 63.

Forlivesi, M.: 34n.

Fraga, G. de: 70n, 77n.

Galeno: 15, 52, 68, 69.

Galileu: 38n, 41.

Garcia Valverde, J.M.: 62n.

Genua, M.: 65.

Geometria: 40- 44, 47, 53, 54, 55, 56, 57; *vd.* Beleza.

Gerhardt, C.I.: 76n.

Geyer, B.: 16n.

Giard, L.: 37n.

Gil, F.: 31.

Gilson, E.: 18n, 72n.

Goethe, J.W.: 8, 12, 16, 18n, 26, 28, 29, 30.

Góis, Manuel de: 7, 8, 11, 12, 17, 19n, 20, 23, 24, 25, 27, 28, 29, 30, 31, 33, 39, 42, 52, 55, 56, 62, 64, 66, 70n, 72.

Gomes, A.: 60n.

Gomez, P.: 32.

Gómez Caffarena, J.: 45.
Graça: *vd*. Teologia; *vd*. Natureza.
Gracida, N. de: 32.
Gregório de Nazianzo: 50.
Hankins, J.: 61n.
Hawenreuther, J.L.: 66.
Hayduck, M.: 65n.
Harmonia: 46-49, 56; *vd*. Beleza.
Hegel, G.W.: 40, 42.
Heidegger, M.: 7.
Heinämaa, S.: 61n.
Henrique de Gand: 45.
Hermes Trismegisto: 67.
Hermolao Bárbaro: 65n.
Hevia Echevarría, J.A.: 39n.
Hierarquia: 41, 46-49, 67; *vd*. Beleza, *vd*. Pseudo-Dionísio Areopagita.
Homem: 30, 32, 38, 39, 40, 48, 49, 51, 52, 53, 57, 61, 77; *vd*. Alma.
Hunain Ibn Ishaq: 15n.
Imortalidade: *vd*. Alma.
Intelecto: 36, 65, 68, 71, 73, 75, 76; *vd*. Alma, *vd*. Homem, *vd*. Conhecimento; *vd*. Separação.
João Buridano: 16, 64.
João de Sacrobosco: 55.
João de Jandun: 64.
Jorge, M.: 32.
Kant, I.: 35, 40, 41, 56.
Kirk, G.S.: 14n.
Knobloch, E.: 54n.
Koyré, A.: 53.
Krings, H.: 34n.
Lamanna, M.: 65n, 66n.
Leibniz, G.: 31, 76.
Leitão, H.: 41n, 54n.
Leonardo da Vinci: 28.
Leucipo: 14.

Liberdade: *vd*. Homem.
Lima, M. de: 32.
Lindberg. D.C.: 13n, 14n, 15n.
Louis, P.: 68n.
Luís, P.: 32.
Lutero, M.: 64, 66, 69.
Luz: 12, 13, 14, 15, 16, 17, 18, 19, 24, 27, 28, 35, 37, 50, 51, 56, 75; *vd*. Cor(es).
Mahoney, E.P.: 64n.
Marguino, E.: 28.
Marinheiro, C.: 38n, 51n.
Marques, A.: 40n.
Marsilio de Inghen: 64.
Martínez, P.: 62.
Martins, A.M.: 63n.
Matemática: *vd*. Geometria.
Medeiros, F.: 40n.
Meirinhos, F.: 71n, 77n.
Melanchton, Ph.: 66.
Metafísica: 7, 8, 10, 33, 36, 47, 55, 60, 76; *vd*. Conhecimento; *vd*. Física.
Micheli, G.: 49n.
Mohler, L.: 65n.
Molina, L. de: 39.
Mundo: *vd*. Natureza.
Natureza: 8, 9, 16, 30, 31, 32, 33, 34-57; *vd*. Cor(es); *vd*. Beleza; *vd*. Geometria.
Newton, I.: 16.
Nicolau de Amesterdão: 64.
Nifo, A.: 65, 66, 68.
Nunes, P.: 54.
Olave, M. de: 36.
Ótica: *vd*. Perspetiva.
Pacheco, M.C.: 71n.
Palestrina, P.L. da: 42.
Panti, C.: 16n.
Patar, B.: 16n.
Paulo de Veneza: 64.

Pelleand, G.: 69n.

Penzo, G.: 34n.

Pereira, D.P.: 37.

Perspetiva: 12, 30; *vd.* Cor(es).

Peterson, M.: 41n.

Picard, G.: 69n.

Pico della Mirandola: 67.

Platão: 14n, 17, 56, 65n, 68, 69, 72n.

Platt, A.: 68n.

Plenitude: *vd.* Natureza.

Polansky, R.: 21n.

Pomponazzi, P.: 62, 64.

Pórcio, S.: 28, 62, 69.

Pozzo, R.: 64n.

Pseudo-Dionísio Areopagita: 47, 72n.

Psicologia: *vd.* Alma.

Randles, W.G.L.: 37n.

Raven, J.E.: 14n.

Renan, E.: 62.

Roberto Grosseteste: 15, 16n.

Rohden, V.: 40n.

Rutherford, D.: 35n.

Sá, A.M. de: 60n.

Salatowski, S.: 64n, 66n, 69n, 77n.

Saraiva, L.: 54n.

Scarmiglione de Fuligno, A.: 28.

Schmitt, C.B.: 64n.

Selles, F.: 71n.

Sentidos: 13, 14, 15, 19, 22, 26, 28, 29, 30, 48, 59; *vd.* Conhecimento.

Separação: 9, 59, 60, 61, 63, 67-77; *vd.* Conhecimento; *vd.* Metafísica.

Simplício: 65.

Soares, N.C.: 68n.

Soto, D. de: 41.

Spaemann, R.: 34n, 56n.

Sturmius, C.: 34, 49.

Suárez, F.: 8, 11, 12, 21, 22, 23, 25, 26, 29, 30, 39, 60, 62, 63, 66, 69.

Telésio, B.: 49.

Temístio: 65.

Teofrasto: 28n.

Teologia: 38, 39,

Thijssen, J.M.M.H.: 62n.

Toledo, F. de: 62, 66, 70n.

Tolosa, I. de: 32.

Tomás de Aquino: 21, 36, 66, 67, 71n, 72n, 74.

Trebizonda, J.: 65n.

Uno: 46-49; *vd.* Beleza; *vd.* Deus.

Wallace, W.: 41n, 54.

Wittgenstein, L.: 59.

Van Riet, S.: 15n.

Vasconcelos, A. de: 32.

Vaz, G.: 32.

Verbeke, G.: 15n, 63n.

Vernia, N.: 65.

Vicente, G.: 38.

Vio, T.: *vd.* Caetano.

Virgílio: 16.

Zabarella, J.: 62, 65, 66.